.

NOVEMBRE 1849.

MINISTÈRE
DE
L'INSTRUCTION PUBLIQUE
ET DES CULTES.

DIRECTION DES CULTES.

DÉPARTEMENT
de la Loire-Inférieure.

CATHÉDRALE DE NANTES.

MÉMOIRE ET REQUÊTE

ADRESSÉS

A M. LE MINISTRE DE L'INSTRUCTION PUBLIQUE

PAR M. GARREAU,

ENTREPRENEUR DES TRAVAUX DE LA CATHÉDRALE DE NANTES.

De grands travaux étaient depuis dix ans en cours d'exécution à la cathédrale de Nantes, lorsque éclatèrent les événements de février 1848.

Confiées à un architecte aussi intègre qu'habile, possédant à juste titre la confiance de l'administration, et à un entrepreneur probe, actif et fort expérimenté dans l'art de bâtir, ces immenses constructions, où se peint le génie créateur de l'homme, la hardiesse de ses conceptions et l'étendue de sa science, sont aujourd'hui arrivées, pour certaines parties, à un degré d'avancement qui en fait admirer le grandiose, l'élégance et la perfection. Lorsque le monument sera achevé, Nantes possédera l'une des plus belles cathédrales de France.

Mais précisément parce que ceux qui ont exécuté ces beaux travaux y ont acquis quelque gloire, des sentiments envieux ont surgi contre eux.

De quelle part, par quels motifs, dans quel but? Les faits répondront à ces questions. Mieux vaut donc les laisser parler que de citer des noms propres, que de qualifier des actions qui se qualifieront d'elles-mêmes. Le ministre auquel est destiné ce mémoire, et ceux qui comme lui le liront, ne se tromperont ni sur les dates, ni sur les personnes, ni sur les intentions.

Le projet d'agrandir ou plutôt d'achever la cathédrale de Nantes remonte à 1834.

Plus tard, un plan de construction en harmonie avec l'édifice fut demandé.

Il fut remis à l'administration, par M. Seheult, dès lors architecte du département de la Loire-Inférieure; il comprenait le transsept septentrional, trois chapelles et l'abside.

Admis en principe sur l'avis du conseil des bâtiments civils, il ne fut approuvé que pour le transsept et deux chapelles à la suite.

Le devis de ces travaux fut dressé par M. Seheult le 24 mars 1848; il portait la dépense à 408,884 fr. 80. c.

Un cahier de sous-détails établissant les prix indiqués au devis y fut joint.

Le 28, le 29 mars et le 18 août 1838, furent données les approbations de l'évêque, du préfet (M. Mce Duval) et du ministre; la dernière fut précédée de l'avis favorable du conseil des bâtiments civils.

Par suite un cahier des charges fut rédigé. M. Seheult le remit au préfet qui l'adressa au ministre. Une décision ministérielle, du 18 octobre 1838, l'approuva et ordonna l'adjudication des travaux.

Au jour fixé, 15 décembre 1838, aucun adjudicataire ne se présenta : tous les entrepreneurs trouvèrent les prix du devis trop bas pour des constructions qui sortaient de la classe ordinaire et entraînaient une effrayante responsabilité.

De nombreuses démarches furent faites auprès de M. Garreau, tant par l'évêque de Nantes que par les autorités locales et les personnes les plus considérables du pays, pour le déterminer à attacher son nom à une entreprise qui, lui disait-on, devait couronner dignement sa longue et honorable carrière.

Après bien des hésitations, M. Garreau céda. Il déposa une soumission, mais le ministre insista, avant de se prononcer, pour qu'une nouvelle tentative d'adjudication fût faite; elle eut lieu le 9 février 1839, et n'amena pas plus de résultat que la première.

On en revint alors à la soumission de M. Garreau qui, sous la date du 11 février 1839, proposa de nouveaux arrangements qu'il expliqua et développa dans une lettre du 1er mars suivant.

Cette proposition, vivement appuyée par tout ce qu'il y avait d'hommes influents dans le département fut soumise au conseil des bâtiments civils; elle y fut adoptée, sauf quelques suppressions relatées dans le rapport et la délibération.

Le 9 avril de la même année, M. Seheult dressa en conséquence un nouveau cahier des charges qui fut transmis le 13 au ministre avec l'avis favorable du préfet.

Finalement, la proposition de M. Garreau fut approuvée par le ministre, conformément à l'avis du conseil des bâtiments civils, avec les modifications consignées dans la lettre ministérielle du 20 juin 1839.

Visée par le ministre, pour être jointe à sa décision, et par le préfet, pour acceptation définitive, en vertu des instructions qu'il avait reçues, la convention ainsi formée et enregistrée, a été exécutée pendant six années consécutives, sous les yeux de l'administration, la direction de l'architecte de son choix, et avec un succès qui n'a rien laissé à désirer, ni sous le rapport de l'art, ni sous le rapport de la solidité des travaux, ni sous celui de l'économie apportée dans la dépense.

En voici le contenu :

« Monsieur le préfet,

« Après avoir examiné les travaux à faire à la cathédrale de Nantes, et les avis dressés par M. l'architecte du département, j'ai l'honneur de vous offrir la présente soumission, par laquelle je prends l'engagement :

« 1° De mettre un rabais d'un et quart par mille sur toutes les fournitures quelconques mentionnées au devis ainsi que sur tous les travaux en terrassements, maçonneries de fondations, charpente des combles, couvertures en ardoises, plomberie, serrurerie et vitrerie ;

« 2° De faire le surplus du travail par attachements convertis en évaluations partielles, ainsi que cela est adopté et suivi pour les cathédrales de Saint-Denis et de Rouen, mettant un rabais de 33 pour 100 sur les bénéfices et faux frais ordinairement alloués aux entrepreneurs ;

« 3° De fournir toutes garanties pour la bonne exécution des travaux.

« Signé GARREAU aîné. »

LETTRE EXPLICATIVE.

« Monsieur le ministre ,

» J'ai l'honneur de vous adresser ci-dessous les explications relatives aux trois articles contenus dans ma soumission faite à la date du 11 février courant, pour les travaux d'achèvement de la cathédrale de Nantes , comme vous me l'avez demandé :

« 1° Par l'article premier, je mets un rabais d'un centième un quart par mille sur toutes les fournitures quelconques mentionnées au devis, ainsi que sur tous les travaux de terrassements , maçonneries en fondation , charpente des combles , couverture en ardoises , plomberie, serrurerie , vitrerie portés au devis dressé par M. l'architecte.

» 2° Par l'article deuxième , qui concerne le reste des travaux, tels que main-d'œuvre de maçonnerie en élévation, taille, montage, bordage et pose des pierres , ainsi que les échafaudages, etc.

» Je demande qu'il soit fait comme le propose M. l'architecte par sa lettre du . . . . . pour chaque partie des travaux non semblables, un attachement pris contradictoirement entre l'architecte et l'entrepreneur pour servir de base aux travaux de même nature, ainsi qu'il a été fait pour les églises de Saint-Denis et de Rouen.

» A cette expérimentation on ajoutera les frais d'outils et le bénéfice portés audit devis pour l'entrepreneur.

» C'est sur ces bénéfices et faux frais seulement que portera mon rabais de 33 pour 100.

» Quant aux garanties à fournir pour l'exécution des travaux, j'ai produit un dossier qui est entre vos mains, divers certificats d'ingénieurs en chef et autres pièces qui établissent ma position, sous le rapport de la capacité et de la fortune , et j'offre de verser un dixième, pour mon cautionnement , du montant des travaux portés au devis , en hypothèque sur une maison m'appartenant, située rues Beaumanoir et des Catherinettes, portant le n° 8, bâtie depuis quelques années, et cela en remplacement du cinquième demandé, qu'il est impossible de procurer; proposant de faire ces travaux qui ne m'offrent aucun avantage, si ce n'est pour mon nom. »

Il s'agissait , comme on le voit, d'expériences à faire. L'entrepreneur avait craint de compromettre gravement ses intérêts , en acceptant des prix formés pour des travaux d'une aussi grande importance que ceux à faire à la cathédrale de Nantes, travaux dont les difficultés n'étaient pas connues; il n'avait accepté que des prix à former sur des données et des bases déterminées.

Le 24 janvier 1840, le premier décompte sommaire des travaux exécutés et des approvisionnements effectués fut dressé par M. Seheult et remis au préfet , qui le transmit au ministre.

Ce décompte fut examiné dans les bureaux du ministère avec un soin minutieux, dont on trouve la preuve dans les observations auxquelles il a donné lieu.

Ainsi on y avait fait figurer :

1° Pour une cloison exigée par l'administration municipale de Nantes, pour séparer le chantier de la promenade de la ville. . . . . 2,072 fr. 71 c.

2° Pour arrimage de pierres de taille, motivé par l'exiguïté du terrain accordé pour déposer les matériaux. 282   33

Soit. . . . . . . 2,355 fr. 04 c.

Une lettre du 10 juin 1840 signale ces deux articles comme n'étant point prévus par le devis, et demande des explications avant de les approuver ou de les rejeter.

Une deuxième lettre du 24 provoqua un rapport de l'architecte. Ce rapport fut adressé au ministre, le 30, avec un avis du préfet, tendant au rejet des 2,355 fr. 4 c.; et, le 15 septembre, le ministre, après avoir résumé la discussion, adopta cet avis, sauf à l'entrepreneur à porter, s'il le jugeait à propos, la question devant le conseil de préfecture, conformément à la loi du 28 pluviôse an VIII.

Le décompte présentait le tableau de toutes les fournitures employées et des main-d'œuvre effectuées durant l'exercice; il était justifié par des attachements journaliers, portant des numéros d'ordre, par des états mensuels pris sur les lieux, dressés par les employés de l'architecte, contrôlés contradictoirement avec l'entrepreneur, visés par l'un et par l'autre, présentant les matériaux de toute nature mis en œuvre, le temps employé à leur préparation, à leur placement, ainsi que leur métré cube, superficiel ou linéaire. Une colonne indiquait les prix élémentaires d'après le cahier des charges, mis en harmonie avec la soumission, et offrait l'application rigoureuse, à chaque espèce d'ouvrage, des prix stipulés au marché; enfin une colonne d'observations contenait toutes les explications et tous les éclaircissements propres à faire apprécier le mode de constatation de fournitures et de temps admis par l'architecte, les éléments, les bases et les chiffres de ses calculs.

Admis dans sa forme et dans ses résultats, sauf les deux articles rejetés, le décompte, en fin d'exercice de 1839 fut suivi de l'ordonnancement d'un à-compte dans la mesure du crédit ouvert.

Le 25 février 1841, remise et envoi du deuxième décompte, celui en fin d'exercice de 1840.

Sa division, comme celle de tous les autres, est des plus claires.

INDICATION des ouvrages et approvisionnements faits pendant l'exercice de 1840.	CUBES superficiels ou quantités.	PRIX élémentaires d'après le nouveau cahier des charges.	VALE A des travaux exécutés et des approvisionnements.	VALEURS pour les diverses main-d'œuvre.	VALEURS en dehors des rabais.	OBSERVATIONS.

Détails, justifications, rien n'y manque : chaque article est expliqué dans la colonne d'observations. Le rapport des diverses natures de travaux avec le devis et le cahier des charges y est établi, ainsi que les prix de revient, par la réunion des matériaux et du temps employé.

Avant de clore ce décompte, l'architecte y a ajouté ce qui suit :

« L'entrepreneur, d'après le chiffre total auquel se trouve porté l'ensemble de ses dépenses, croit entrevoir que plusieurs des sous-détails sont établis à son préjudice, quoiqu'en conformité avec les expériences auxquelles il a concouru. L'intérêt du trésor réclame peut-être également que de nouveaux examens, suivis dans tous les développements possibles et avec l'attention la plus minutieuse, soient faits dans la prochaine campagne, avant de bien déterminer la valeur précise de chaque nature d'ouvrage ; le présent état de situation ne peut donc être considéré que comme un tableau résumé, bien approximatif, des matériaux et main-d'œuvre fournis par M. Garreau pendant l'exercice de 1840, mais qui pourra subir des modifications dans quelques-uns de ses détails, si de nouvelles expériences faites sur la plus grande échelle possible, le travail quotidien contrôlant celui hebdomadaire et celui-ci le mensuel, viennent démontrer qu'ayant agi partiellement dans la première campagne, l'on n'a pu déterminer avec toute l'exactitude désirable, les éléments appréciatifs de chaque nature d'ouvrage. »

Et M. Garreau n'approuve ce document, le 25 février 1841, que *sauf erreurs, omissions, et avec les réserves formulées également au nom de l'administration, pour rectification, s'il y a lieu, des divers prix élémentaires d'après lesquels ont été fixées les évaluations des différents ouvrages.*

Ainsi, il est bien entendu entre l'administration qui reçoit le décompte avec tous les renseignements et pièces à l'appui, l'architecte qui remet le tout en exprimant son opinion, l'entrepreneur qui craint de marcher à sa ruine, que de part et d'autre on s'appliquera à déterminer avec la plus grande exactitude les éléments servant d'appréciation à chaque nature d'ouvrage.

Pour obtenir le plus de certitude possible dans les résultats, M. Schoult demandait par sa lettre d'envoi du même jour, 25 février 1841, qu'il lui fût accordé un inspecteur pendant la campagne prochaine, lequel serait chargé sous sa direction de contrôler toute espèce de travail, d'en suivre tous les détails, d'établir et de comparer par jour, semaine, quinzaine et mois, les ouvrages faits, les heures de travail,.... les fournitures..... seul moyen d'établir avec régularité et précision un décompte équitable, en harmonie avec le cahier des charges..... et il ajoute :

« Si les travaux de la cathédrale avaient pu être compris sur une plus grande échelle, j'aurais évité, dit-il au préfet, de vous adresser une semblable réclamation, en trouvant, dans des honoraires élevés, le moyen de faire face à une dépense aussi légère ; mais obligé, sur les 1750 fr que me procurent les travaux faits en 1840, de prélever : 1° le salaire de l'homme de confiance, le sieur Cormerais, que j'envoyais aux différentes parties de la journée établir et contrôler le rôle journalier ; 2° les appointements de l'un de mes commis, le sieur Letellier, qui était spécialement occupé de mesurer et cuber tous les ouvrages, toutes les pierres de taille au fur et à mesure de la mise en œuvre, je trouve, après beaucoup de travail, avec des résultats pécuniaires si minimes, qu'il ne me reste à prendre en considération que la gloire à acquérir..... etc. »

Des rapports sur cette demande furent provoqués et fournis, sans qu'il soit intervenu de solution, malgré l'avis favorable du préfet, exprimé dans sa lettre au ministre, datée du 15 mars 1841.

Le décompte envoyé et ses annexes furent examinés et durent l'être avec d'autant plus de soin que les observations qui le terminaient, ainsi que la lettre de M. Seheult, y appelaient l'attention toute particulière du ministre et de ses bureaux ; il ne fut cependant l'objet d'aucune critique, ni quant à sa forme, ni quant à ses éléments justicatifs, ni quant aux chiffres.

Il en fut de même du décompte en fin d'exercice de 1841, arrêté le 3 mars 1842, qui reposait sur les mêmes éléments que les précédents, et qui était accompagné de tous les documents justificatifs pouvant en faire juger le bien-être.

Celui de l'exercice 1842 fut établi le 22 mars 1843, adressé au préfet et remis au ministre avec tous les renseignements sur lesquels il reposait.

On y trouve, dans la colonne d'observations, la réitération de la demande d'un inspecteur capable et ne quittant pas un seul instant les travaux.

L'architecte y fait remarquer : 1° que quelques prix élémentaires ont éprouvé de légères réductions ou augmentations, que cela résulte en partie pour les uns d'un peu moins de difficulté dans la taille des pierres, et pour les autres d'un peu plus de temps passé au montage des matériaux; 2° que l'entrepreneur se prête avec la meilleure volonté possible, tant par lui que par ses agents, à tous les examens nécessaires pour obtenir une analyse raisonnée sur chacune des évaluations, ce qui occasionne beaucoup de pertes de temps et de sacrifices pécuniaires.

A ce décompte étaient joints : d'abord un décompte général en fin de l'exercice de 1842, rappelant les trois décomptes sommaires, en réunissant les éléments et en présentant les résultats, ensuite une récapitulation générale de la valeur de chacun des travaux exécutés avec ou sans retenue, ainsi que des approvisionnements faits et des sommes acquises à l'entrepreneur ; enfin deux tableaux établissant, l'un, la position de ce dernier, l'autre, celle de l'architecte, défalcation faite des à-compte reçus.

L'exercice de 1843 fit la matière d'un décompte arrêté le 12 janvier 1844, adressé par M. Seheult au préfet, avec tous les éclaircissements et toutes les pièces nécessaires à son appréciation.

Comme le précédent, il était suivi d'un décompte général fin de l'exercice de 1843 et d'états récapitulatifs des travaux exécutés, des approvisionnements existants, des sommes acquises à l'entrepreneur et à l'architecte; il ne donna lieu à aucune reprise.

Sous la date du 8 mars 1845, mêmes documents pour l'exercice de 1844, c'est-à-dire décompte particulier à cet exercice, décompte général en fin du même exercice, comprenant ceux antérieurs, des récapitulations analogues, et cette observation : « que la colonne des prix élémentaires offrait dans sa première subdivision les prix moyens qu'avaient donnés les travaux exécutés, et dans sa seconde subdivision, *ceux que l'entrepreneur acceptait pour la construction de l'abside, tous bénéfices compris.* »

Cette énonciation fait du décompte général, fin de l'exercice de 1844, une pièce essentielle. Voici pourquoi : plus les travaux de la cathédrale avançaient, plus on faisait de vœux à Nantes pour qu'elle fût entièrement achevée. Or, pour en compléter l'achèvement, il fallait construire l'abside qui n'existait point.

Des démarches furent faites auprès du gouvernement pour que cette extension fût donnée au projet primitif. Elles déterminèrent le ministre de la justice et des cultes à demander un devis des nouveaux travaux sollicités.

Ce devis fut rédigé par M. Seheult le 19 janvier 1843. Il est intitulé : «Devis des » ouvrages à exécuter pour construire l'abside de l'église cathédrale de Nantes, et » terminer cet admirable édifice. »

Ce travail fut l'objet d'une étude approfondie et d'une longue instruction.

Par une lettre du 30 juillet 1843, le ministre demanda le projet et tous les documents propres à le justifier. M. Seheult le remit au préfet avec tous les plans, devis, calques et pièces nécessaires pour le faire apprécier en parfaite connaissance de cause. Le préfet, M. Chaper, en appuyant ce projet, se fit l'interprète de la ville de Nantes.

Le 6 octobre 1843, le ministre écrivait au préfet qu'il avait soumis le tout au conseil des bâtiments civils, et prescrivait la suspension immédiate des travaux en cours d'exécution, pour la clôture provisoire de la nef et autres qui pourraient gêner ultérieurement la construction de l'abside.

Le 18, le préfet communiquait cette dépêche à l'architecte et l'invitait à s'y conformer.

Pendant ce temps le conseil des bâtiments civils, saisi de l'affaire, chargeait un de ses membres de lui en faire un rapport ; ce rapport ayant été fait, le conseil émit, le 6 novembre 1843, un avis favorable en faisant remarquer qu'il serait nécessaire de rédiger des coupes et élévations qui n'avaient pas été présentées, et

« Persuadé qu'il était, disait-il, que M. l'architecte (dont le rapporteur avait fait un éloge mérité) y apportera les mêmes soins qu'à la rédaction des projets et à l'exécution des travaux déjà effectués, ainsi que cela résulte du témoignage qui lui est rendu à cet égard dans le rapport de M. l'inspecteur général. »

A la suite de cet avis, M. Seheult reçut, le 29 novembre, de M. le préfet, la lettre suivante :

« Monsieur l'architecte,

» Ainsi que j'ai eu l'honneur de vous en informer le 18 octobre dernier, M. le ministre de la justice et des cultes a soumis à l'examen du conseil des bâtiments civils le projet montant à 558,989 fr., rédigé par vous pour la confection d'une abside destinée à compléter la cathédrale de Nantes.

» Le conseil, en émettant un avis favorable sur votre travail, a présenté quelques observations. M. le ministre signale en outre à mon attention la question de savoir si les nouveaux travaux doivent être confiés au sieur Garreau, ou bien si, comme le feraient supposer les devis, sous-détails et cahier des charges que vous avez dressés, ces nouveaux ouvrages seront l'objet d'une adjudication spéciale.

« Dans le cas, ajoute le préfet, où le parti d'une entreprise particulière, distincte de celle
« qui est en cours d'exécution, serait adopté, et où les travaux de construction de la nef du
« chœur, confiés par une décision ministérielle du 20 juin 1839 au sieur Garreau, ne seraient
« pas terminés à l'époque où l'on commencera l'abside, il y aurait lieu d'insérer dans le cahier
« des charges quelques clauses réglant la position respective des entrepreneurs différents, afin
« d'éviter les difficultés qui pourraient par la suite s'élever entre eux.

« Je vous prierai donc, monsieur l'architecte, de m'adresser un rapport contenant des explications sur ce dernier point, ainsi que les détails et documents réclamés par le conseil des bâtiments civils.

« Ci-joint les pièces qui m'ont été renvoyées par M. le ministre. »

Pour satisfaire à la lettre du ministre, une soumission nouvelle fut demandée
à M. Garreau.

Cet entrepreneur était si éloigné de vouloir se jeter dans l'entreprise projetée,
que loin de l'accepter, il offrit de résilier son premier marché pour que l'administration pût traiter avec un autre entrepreneur de ce qui restait à faire des travaux du premier devis et de ceux de l'abside; mais on parvint à vaincre sa répu-
gnance, et il écrivit à M. le préfet une lettre contenant tant sa proposition que la
réitération de l'offre d'annuler le premier traité, dans le cas où le ministre
penserait pouvoir obtenir pour l'administration des avantages plus grands que
ceux qu'elle avait à recueillir du nouveau traité qui lui était proposé.

Les offres de M. Garreau transmises au ministre donnèrent lieu à une correspondance qui s'est prolongée pendant plus de dix-huit mois.

Au commencement de février 1844, le ministre redemanda tous les documents
qui avaient accompagné le plan de l'abside.

Sur l'envoi qui lui en fut fait le 7 du même mois, il consulta de nouveau le conseil des bâtiments civils, qui, dans sa séance du 27 juin, émit l'avis qu'il y avait lieu
de donner suite au projet déjà adopté le 6 novembre 1843, sauf quelques points se-
condaires indiqués dans la délibération, et quant aux propositions de l'entrepreneur,

« D'après le compte rendu des soins et du discernement qu'il apportait aux travaux, »
le conseil dit :

« Qu'il ne pouvait que penser, avec M. le rapporteur, qu'il était de l'intérêt bien entendu
de l'administration que ses propositions fussent adoptées. »

En conséquence, le 30 juillet 1844, M. le ministre écrivit à M. le préfet une
lettre ainsi conçue :

« Monsieur le préfet,

« J'ai soumis de *nouveau* à l'examen du conseil des bâtiments civils, avec les documents
justificatifs que vous m'avez adressés sur ma demande le 7 février dernier, le projet montant à
558,989 fr. 93 c., rédigé par M. l'architecte Seheult, pour la construction de l'abside de la
cathédrale de Nantes.

« Le conseil a *définitivement* jugé ce projet satisfaisant, mais il s'est prononcé contre le déplacement du jubé, pour des motifs dont la justesse me paraît incontestable. Je vous envoie une copie de son avis afin que l'architecte puisse s'y conformer.

« Sauf cette observation, j'approuve le projet dont il s'agit.

« Vous avez proposé, monsieur le préfet, de concert avec l'architecte, d'en confier l'exécution au sieur Garreau, entrepreneur des travaux de construction du transsept et du chœur de la cathédrale, en vertu de la soumission extraconditionnelle, approuvée par l'un de mes prédécesseurs, le 20 juin 1839, et par laquelle cet entrepreneur s'est engagé :

« 1° Moyennant un rabais de 1 1/4 par mille, sur les prix du devis, à exécuter les ouvrages de terrassements, maçonnerie de fondations, plomberie, charpente des combles, couverture en ardoises, serrurerie et vitrerie, ainsi que toutes les fournitures mentionnées au devis;

« 2° A faire le surplus du travail par attachements convertis en évaluations partielles, moyennant un rabais de 33 pour 100 sur les bénéfices et faux frais alloués ordinairement aux entrepreneurs.

« Le sieur Garreau consentirait à se charger, suivant cette même soumission, de l'achèvement des travaux, à la condition, toutefois, que l'inscription hypothécaire de 40,000 fr. prise sur ses biens à titre de cautionnement, ne serait pas augmentée, et que l'on n'exercerait plus la retenue du dixième qui lui est faite chaque année.

« Le conseil des bâtiments civils, consulté par moi sur la convenance de ces propositions, a été d'avis de les adopter. Le sieur Garreau a acquis en effet, d'après les rapports que vous m'avez transmis, dans les ouvrages exécutés jusqu'ici pour la construction de la cathédrale de Nantes, l'expérience nécessaire, et formé des ouvriers habitués aux difficultés d'une œuvre aussi importante. Il offre donc, sous tous les rapports, la garantie désirable.

« D'un autre côté, suivant l'exposé de l'architecte, il est en ce moment à Nantes le seul entrepreneur capable d'un pareil travail; en sorte qu'une adjudication nouvelle, si elle présentait des résultats plus avantageux en apparence, conduirait l'administration à n'employer que des hommes ordinaires; les intérêts du monument et ceux du trésor public paraissent donc exiger que la continuation de l'entreprise soit confiée aux mains qui l'ont commencée d'une manière si satisfaisante.

« Mais tout en appréciant ces circonstances, je ne saurais, monsieur le préfet, admettre entièrement les conditions réservées par le sieur Garreau.

Je ne ferai pas de difficulté de souscrire à la première : le cautionnement actuel me semble suffisant pour répondre de la bonne exécution des travaux, et il peut sans inconvénient ne pas être augmenté.

« Quant à la seconde condition, les règlements administratifs s'opposeraient formellement à ce qu'elle fût autorisée. C'est déjà par une faveur spéciale que la retenue de garantie a été réduite du cinquième au dixième par la décision précitée du 20 juin 1839, approbative de la soumission du sieur Garreau.

« Il me serait impossible de la supprimer totalement, et même de la diminuer encore; mais, afin d'alléger les charges qui en résultent pour l'entrepreneur, on pourrait peut-être diviser l'entreprise générale en parties de travaux ou de construction dont la réception serait faite et le décompte réglé aussitôt leur achèvement, et lesquelles étant considérées comme autant d'entreprises séparées, permettraient la liquidation définitive de la dépense et le remboursement de la retenue de garantie dont elles auraient été l'objet; l'architecte aurait dès lors à examiner cette question, et à opérer, s'il y a lieu, cette division.

« Du reste, monsieur le préfet, la soumission même qui a servi jusqu'ici de base à l'entredrise, ne me paraîtrait plus aujourd'hui applicable *en toutes ses parties*.

2

» L'exécution des travaux , non sur des prix réglés à l'avance, *mais d'après le relevé des attachements convertis en évaluations partielles,* est un mode irrégulier, sujet à abus. Il a été admis au commencement de l'entreprise, à raison de l'impossibilité de fixer un prix pour des ouvrages qui sortaient des conditions ordinaires. *Mais actuellement que des travaux de toute nature effectués à la cathédrale de Nantes ont fourni les données nécessaires pour arriver à une évaluation exacte des prix* , il conviendrait de revenir à la marche habituelle et normale, en prenant pour point départ les prix du devis rédigé d'après l'expérience acquise par M. l'architecte *Seheult.* L'entrepreneur aurait donc à proposer un nouveau rabais sur le montant de ce devis.

» Vous voudrez bien , monsieur le préfet, soumettre , après les avoir complétées, ces propositions au sieur Garreau, et me transmettre ensuite les offres ou la soumission qu'il vous présentera avec le cahier des charges de l'entreprise, pour être approuvées , s'il y a lieu.

» Je vous renvoie ci-joint toutes les pièces de l'affaire, à l'exception des plans, qui ont été produits en double pour rester aux archives de l'administration des cultes. »

Cette lettre indiquait clairement la marche à suivre à l'avenir, non-seulement pour les nouveaux ouvrages, mais encore pour ceux des anciens travaux qui restaient à exécuter.

Le décompte général, en fin d'exercice de 1844, contenait, écrits en encre rouge, les nouveaux prix élémentaires proposés. On convenait de s'y référer; il ne s'agissait donc que de faire un cahier de charges en harmonie avec les nouveaux prix. Dans un rapport du 20 février 1845, M. Seheult commentait les nouvelles propositions, et en faisait ressortir les conséquences.

Le cahier des charges qui devait les développer, fut dressé le 20 mars 1845.

Il y fut annexé, sous la date du 1er avril : 1° un cahier de sous-détails offrant la justification des nouveaux prix, portés de la même façon, à l'encre rouge, dans une des colonnes du décompte, en fin de l'exercice de 1844; 2° une table des principales séries de prix calculés de mètre en mètre, et de cinq mètres en cinq mètres pour les divers ouvrages en maçonnerie, afin, y est-il dit, « que dans les règlements particuliers ou généraux à intervenir, l'application en soit faite en raison de l'avancement des travaux, et proportionnellement aux estimations moyennes produites dans les sous-détails qui précèdent; » 3° des vues daguerréotypées, des dessins et figures, etc.

Ainsi il n'était pas possible de s'y méprendre :

L'entrepreneur refusait d'admettre pour les travaux de l'abside les sous-détails du 15 janvier 1843.

Il offrait de prendre pour éléments de prix ceux inscrits à l'encre rouge dans le décompte général , dressé en fin de l'exercice 1844.

Il mettait pour condition à la nouvelle entreprise que tous les travaux restant à faire au transsept et aux chapelles seraient, comme ceux de l'abside, réglés d'après les nouvelles bases.

Le ministre admettait ces propositions, et le préfet envoyait la lettre ministérielle du 30 juillet 1844, à M. Seheult , avec recommandation de s'y conformer (lettre du préfet, de 17 août 1844).

Le cahier des charges demandé, précédé peu de jours auparavant d'un rapport, était préparé et suivi, pour plus de clarté, d'un cahier de sous-détails explicatif des prix à l'encre rouge portés dans une colonne du décompte général en fin d'exercice de 1844, auquel se référait la nouvelle soumission, d'une table de séries de prix, ainsi que de vues et dessins qui mettaient en relief toutes les dispositions tant du devis que du cahier des charges.

Toutes ces pièces étaient adressées, le 20 mars 1845, au préfet qui les transmettait au ministre.

Était-il possible de fournir plus d'éclaircissements, plus de documents à l'administration, pour justifier le passé et éclairer la nouvelle situation que devait faire à l'entrepreneur l'acceptation de ses offres?

Cependant là ne s'est pas bornée l'instruction de l'affaire.

Le 20 février 1845, M. Scheult fait au préfet un envoi de pièces relatives aux édifices diocésains et lui annonce n'avoir point encore obtenu la nouvelle soumission de M. Garreau, modifiée comme l'avait voulu le ministre.

Le 20 mars, en envoyant tous les renseignements ci-dessus énumérés, il entre sur ses appréciations, sur ses évaluations, sur ses calculs, dans des détails qui donnent à sa lettre l'importance d'un rapport.

On y lit, en parlant du décompte général de tous les travaux exécutés jusqu'à fin de l'exercice de 1844 :

« Ce travail a été nécessaire pour déterminer le sieur Garreau à soumissionner les travaux de l'abside, conformément à la demande et aux observations que Son Excellence M. le ministre vous a adressées à la date du 30 juillet 1844; car, avant de se prononcer, cet entrepreneur a désiré obtenir la conviction que les prix consignés aux sous-détails du projet étaient rédigés de manière à parfaitement mettre ses intérêts à couvert.

» Cet examen approfondi ayant offert la preuve que j'avais commis quelques oublis ainsi que quelques erreurs en plus comme en moins, dans les développements des évaluations élémentaires que j'avais présentées, j'ai rectifié immédiatement cette partie de mon projet d'après les éléments obtenus, et que le soumissionnaire prend pour base de ses propositions.

» Dans une colonne spéciale du décompte général, j'ai ensuite reproduit à l'encre rouge les résultats de chaque nouvelle évaluation, en les faisant correspondre aux désignations des travaux déjà exécutés auxquels ils se rapportent, afin que leur application à ceux d'exécution ultérieure pour l'abside ne puisse soulever aucune objection, aucun doute dans les décomptes provisoires ou définitifs à intervenir.

» Il est à remarquer, monsieur le préfet, que ces évaluations sont établies en moyennes de celles obtenues pour les travaux exécutés au transsept, à une hauteur de 30 mètres, c'est-à-dire qu'elles seraient trop fortes pour les assises inférieures de l'édifice, et comprises au-dessous de 15 mètres, trop faibles pour celles supérieures à 15 mètres; aussi une table proportionnelle aux hauteurs prises de 5 mètres en 5 mètres termine le nouveau cahier de série de prix et offre les moyens d'établir équitablement les règlements que l'on pourrait avoir à rendre définitifs avant l'achèvement de l'abside. »

Cette lettre et les pièces qui l'accompagnaient furent adressées, le 9 avril 1845, par le préfet au ministre.

Comme la réponse qui fut faite par M. le ministre contient la discussion paragraphe par paragraphe de la soumission de M. Garreau et s'y réfère, il est nécessaire de faire connaître ici les termes de cette pièce. Les observations faites en
réponse par la lettre ministérielle en seront mieux comprises. La voici textuelle-
ment :

NOUVELLE SOUMISSION DE M. GARREAU.

« Monsieur le préfet,

» Après avoir examiné les projets et devis que M. l'architecte du département a dressés pour
la construction de l'abside de la cathédrale ainsi que les travaux qui restent à exécuter pour
terminer le transsept septentrional et ses annexes que j'ai commencés , j'ai l'honneur de vous
offrir la présente soumission par laquelle je prends engagement :

» 1° D'accepter tous les prix élémentaires résultant des nouveaux sous-détails, établis d'après
le décompte général que M. l'architecte du département a dressés pour les travaux terminés en
fin d'exercice 1844, et *sur lequel les susdits prix sont indiqués à l'encre rouge pour chaque
nature d'ouvrage;*

» 2° D'apporter les plus grands soins possibles dans le confectionnement des travaux à exécuter, afin qu'ils présentent le même degré d'achèvement et de perfectionnement que ceux
résultant de la première adjudication qui m'a été confiée;

» 3° De me charger de toutes les dépenses imprévues ordinaires et extraordinaires détaillées
au décompte général précité, et inévitables dans des travaux de l'importance de ceux de la
cathédrale , moyennant qu'une somme de 5 pour 100 me soit allouée sur chacun des prix élémentaires fixés pour les ouvrages en maçonnerie et charpenterie;

» 4° De laisser en cautionnement de garantie les 40,000 fr. en inscription hypothécaire que
le gouvernement a pris sur ma propriété de la rue des Catherinettes, pour les travaux du
transsept dont l'exécution est fort avancée.

» Il sera de plus arrêté :

» 5° Que les travaux de l'abside seront divisés, réglés et reçus en quatre parties : la première
comprenant les fondations et les murs en élévation jusqu'à la première plinthe placée aux
appuis des premières croisées; la deuxième , à partir de ladite première plinthe jusqu'au-dessous des voûtes des chapelles, la corniche de couronnement comprise; la troisième, jusqu'à la
naissance des archivoltes des grands vitraux; la quatrième, jusqu'au sommet de l'édifice, y
compris le ragrément général ;

» Que chacune de ces parties sera payée conformément aux sous-détails prémentionnés, mais
modifiés pour les maçonneries d'après la table proportionnelle aux hauteurs que M. l'architecte
du département a dressée à la fin du cahier n° 5, folio 29.

» Que le dixième de retenue cessera d'avoir lieu pour chaque partie exécutée et sera compris
dans la somme en règlement, que déterminera le décompte d'après les susdits éléments estima-
tifs que j'ai signés ce jour pour acceptation , ainsi que la table qui vient les compléter pour prix
des maçonneries, en raison de leur hauteur.

» Que le cautionnement en garantie que j'ai donné sur ma propriété des Catherinettes, 8, sera
maintenu jusqu'à la résiliation du présent engagement.

» Que le gouvernement aura, comme moi , la possibilité de résilier le marché, après l'exécution de chacune des quatre parties d'ouvrage , ou après deux années écoulées sans allocation de
crédit et sans que j'aie donné lieu à cette mesure, soit en suspendant les travaux, soit en élevant
quelques difficultés.

» Qu'en cas qu'une maladie ou qu'une chute grave sur les échafaudages vienne s'opposer à
ce que je puisse moi-même surveiller l'exécution des travaux, le résiliement et le règlement

immédiats seront de droit, comme en cas de mort, attendu que dans l'intérêt du gouvernement comme dans le mien, une surveillance de cette nature ne peut être confiée qu'à une personne qui a intérêt direct à ce qu'aucune négligence ne soit tolérée.

» Que le décompte général que vient de dresser M. l'architecte du département soit régularisé pour m'être soldé avec le dixième de retenue dans le courant des exercices 1845 et 1846, attendu que sans l'avancement des travaux de l'abside et en l'absence du mur de soutenement avec contre-forts qu'a prescrit S. E. M. le ministre, par sa décision du 6 octobre 1843, il n'est pas possible d'accélérer l'achèvement des travaux, ainsi que le réclamerait mon intérêt déjà en très-grande souffrance.

» Que les travaux en exhaussement de ceux exécutés au transsept seront évalués, conformément à l'échelle de proportion établie à la fin du nouveau cahier des sous-détails n° 5, folio 29.

» Que toutes les parties isolées des piliers, arcs-boutants, clochetons, pinacles, balustrades et broderies des vitraux seront payées d'après les prix les plus élevés du tableau folio 29 du cahier n° 5 des nouveaux sous-détails. »

Le 11 juillet 1845, le ministre écrit au préfet qu'il a reçu les diverses pièces qui lui ont été adressées, la nouvelle soumission de M. Garreau, auquel il a autorisé le préfet, attendu *la nature spéciale de l'affaire, et d'après l'avis du conseil des bâtiments civils*, à confier l'exécution des travaux de l'abside de la cathédrale de Nantes, sans recourir à la concurrence; *qu'il a examiné attentivement cette soumission ; qu'il a consulté, sur les conditions qu'elle renferme, le conseil des bâtiments civils qui l'a jugée, comme le ministre dit l'avoir jugée lui-même, susceptible d'être adoptée*, sous la réserve de certaines modifications que la lettre indique, et dont l'une tendait à faire insérer que la résiliation pourrait être réclamée seulement après l'achèvement de l'une des portions d'ouvrages formant entreprise distincte, ou bien après deux années écoulées sans allocation de crédits, pourvu que la suspension de travaux ne provint point du fait de l'entrepreneur ou de difficultés suscitées par lui.

En terminant, le ministre recommande au préfet de faire modifier, dans le sens de ses observations, l'acte ainsi discuté.

Voici au surplus les §§ importants de cette dépêche, du 11 juillet 1845.

« Ainsi, à l'art. 3, l'entrepreneur proposait de se charger de toutes les dépenses imprévues, ordinaires et extraordinaires, moyennant une augmentation de 6 p. 100 pour chacun des prix élémentaires fixes pour les ouvrages de maçonnerie et charpenterie. Il a consenti depuis lors à réduire cette allocation à 5 p. 100. Dans ces limites, elle ne me paraitrait pas excéder les frais accessoires et imprévus qu'entrainera inévitablement une entreprise aussi importante. Mais il est à remarquer qu'au cahier des sous-détails, un quinzième est alloué en sus des prix de main-d'œuvre, précisément pour faire face aux éventualités dont il s'agit. Cet article ferait double emploi avec l'augmentation réclamée, et dès lors il devra être retranché du devis.

» Le sieur Garreau demande, à l'art. 5 de la soumission (§ 1 et 2), conformément à la proposition de M. l'architecte Seheult, que la construction de l'abside soit divisée en quatre parties, lesquelles formeront autant d'entreprises distinctes, et seront reçues séparément au fur et à mesure de leur achèvement. Je ne ferai point difficulté d'admettre cette condition qui allègera, sans nuire aux intérêts du trésor, la responsabilité de l'entrepreneur et permettra de lui rembourser partiellement la retenue de garantie; toutefois, comme les dépenses doivent nécessairement varier suivant les différentes hauteurs des constructions, il pourrait se faire, en cas de résiliation de marché, qu'en réglant sur les prix moyens du devis le compte des travaux exécutés à un étage inférieur, le sieur Garreau fût payé au delà de la valeur réelle.

« Pour obvier à cet inconvénient, il conviendra donc que l'architecte détermine, pour chacune des quatre portions de l'entreprise des prix spéciaux, calculés sur la difficulté des ouvrages et la hauteur graduelle des murailles, conformément à l'échelle de proportion établie à la fin du cahier de sous-détail, n° 15. La soumission devrait dès lors indiquer ce mode de règlement.

» Au § 3 du même article 5, à l'acceptation du décompte de chaque partie des travaux, je ne saurais, monsieur le préfet, accepter cette condition.....

» Je ne puis davantage admettre les réserves faites par le sieur Garreau, aux art. 5 (§ 3) et 6 (§ 2 et 3), pour le prix de sculpture et de ragrément final des pierres de taille, lesquelles ne seraient fixées qu'en fin d'entreprise sur les attachements journaliers et contradictoires. Un marché ne saurait intervenir sur les prix provisoires assujettis à de nouvelles expériences. En rédigeant les sous-détails, l'architecte s'est nécessairement rendu compte des ouvrages faits depuis cinq ans pour la construction des transepts de la cathédrale de Nantes, par le sieur Garreau lui-même, et il a basé, sur les résultats, les évaluations actuelles. C'est à l'entrepreneur à faire une opération semblable que lui faciliteront du reste les analogues existant ailleurs.

» L'art. 5 de la soumission, § 5, prévoit les cas de résiliation du marché. Il m'a paru, monsieur le préfet, qu'il y aurait lieu de le modifier.....

» Enfin, je crois devoir écarter la prétention émise par le sieur Garreau de laisser à la charge de l'administration les dépenses de cloisonnement. »

M. Garreau accéda aux modifications demandées par le ministre, à l'exception d'une seule, et consentit, à ce moyen, à rendre sa soumission définitive. C'est dans ce but qu'il la rédigea de nouveau, en lui donnant pour date le 24 juillet 1845.

Le 3 septembre 1845, M. Seheult adressa cette nouvelle rédaction au préfet, en lui expliquant les raisons qu'avait alléguées l'entrepreneur pour ne pas pousser ses concessions plus loin.

M. Garreau se rendit à Paris.

La convention arrêtée provisoirement par le préfet le 6 septembre, le fut définitivement le 23 octobre au moyen du consentement de l'entrepreneur, donné le 22 septembre en ces termes :

« Je consens, pour les nouveaux travaux, à la suppression des articles 43 et 45 bis, portés au cahier n° 5 pour faux frais restant à ma charge. »

Le même jour, 23 octobre 1845, décision ministérielle approbative ainsi conçue :

« Monsieur le préfet, vous m'avez transmis, le 8 septembre dernier, la nouvelle soumission souscrite par M. Garreau aîné, tant pour l'exécution, à la cathédrale de Nantes, des travaux de construction de l'abside, dont le projet, montant à 538,989 fr. 95 c., a été approuvé par ma décision du 30 juillet 1844, que pour la continuation de ceux du transept en cours d'exécution.

« L'entrepreneur s'est conformé, dans cette soumission, aux modifications indiquées dans ma dépêche du 11 juillet dernier, une seule exceptée, relative au bénéfice d'un quinzième porté dans les sous-détails des prix, sur les main-d'œuvre, indépendamment du vingtième accordé sur les prix de maçonnerie et de charpenterie. Ces deux allocations m'avaient semblé former double emploi, et j'avais pensé qu'il y avait lieu de supprimer le premier article; toutefois, d'après les considérations et les calculs qu'ont fait valoir l'entrepreneur et l'architecte, et que vous avez appuyés, monsieur le préfet, je n'ai pas cru devoir insister sur une réduction qui,

en définitive, entraînerait une différence peu sensible et devant laquelle le sieur Garreau recu-
lerait peut-être. Mais en consentant au maintien de l'allocation d'un quinzième sur les prix de
main-d'œuvre pour faire face aux frais d'équipages, outils, etc., il ne paraissait pas possible
d'accorder encore les dépenses destinées à garantir les travaux pendant la mauvaise saison : elles
m'ont semblé rentrer dans la catégorie des frais généraux à supporter par l'entrepreneur, aux
termes de sa dernière soumission. Cette observation ayant été faite au sieur Garreau, lors d'un
récent voyage, il en a reconnu la justesse, et il a déclaré au bas de sa soumission consentir à la
suppression des articles 45 et 45 (bis) du cahier des sous-détails, relatif à cet objet.

» Avec cette modification au cahier des sous-détails dont il s'agit, la nouvelle soumission du
sieur Garreau ne m'a plus paru susceptible d'aucune observation. Je l'approuve en conséquence,
ainsi que le cahier des sous-détails rédigé par l'architecte sous la date du 1er avril dernier, et que
je vous renvoie ci-joint, afin que vous en assuriez l'exécution.

» Vous trouverez également ci-joint les autres pièces qui accompagnaient votre envoi.

» Recevez, monsieur le préfet, l'assurance de ma considération très-distinguée.

» Le garde des sceaux,

» Ministre secrétaire d'État de la justice et des cultes,

» Signé N. MARTIN (du Nord). »

A la même date, le ministre donna avis de sa décision à Mgr l'évêque de
Nantes.

La soumission ainsi approuvée fut visée le 23 octobre, pour le ministre, par
M. Dessauret, directeur des cultes, pour être jointe à la décision ministérielle et
adressée au préfet avec des instructions en vertu desquelles il l'accepta au nom de
l'État, le 31 du même mois ; elle a été enregistrée le 6 novembre.

Ainsi s'est accompli, après le plus mûr examen, après les plus sérieuses discussions, après maintes délibérations du conseil des bâtiments civils, le nouveau
marché, en vertu duquel l'entrepreneur a continué à travailler.

Il ne restait plus qu'à pourvoir à son exécution.

Cette exécution embrassait le passé et l'avenir.

Pour le passé, il y avait à régler les travaux exécutés depuis 1839 jusqu'à la fin
de 1844, d'après les stipulations de la soumission du 11 février 1839, expliquée
par la lettre du 1er mars suivant, et celle du cahier des charges du 9 avril, approuvés
le 20 juin de la même année.

Pour l'avenir, les travaux tant du devis primitif que de l'abside, devaient être
exécutés tels qu'ils étaient détaillés dans le devis du 19 janvier 1843, et aux prix
déterminés par :

Le décompte général des travaux en fin de l'exercice de 1844, colonne des prix
écrite à l'encre rouge,

Les sous-détails du 20 mars 1845,

La table des principales séries de prix, datée du 1er avril même année,

Et des sous-détails explicatifs et rectificatifs remis par lettre de M. Scheult, du
31 août 1846.

§ 1er.

Réception et règlement des travaux jusqu'en fin de l'exercice de 1844.

Pour l'exécution de cette disposition du traité, le ministre écrivit, le 15 décembre 1845, au préfet, une lettre dans laquelle on lit:

« . . . Aux termes du septième paragraphe de l'art. 5 de la nouvelle soumission, il doit être procédé à la réception et au règlement des travaux exécutés sur la première partie de l'entreprise, à la date du 23 octobre 1845.

« Pour assurer l'accomplissement de cette condition, vous m'avez transmis le 22 septembre dernier : 1° un décompte général, arrêté à la date du 1er septembre dernier, de tous les travaux exécutés au 31 décembre 1844, et montant à 305,323 fr. 15 c. ; 2° un décompte partiel dressé le 8 mars 1845 des travaux particuliers à l'exercice de 1844 »

Le ministre ajoute que ces deux pièces sont insuffisantes, et il rappelle qu'aux termes d'une circulaire ministérielle du 4 février 1826, il doit être fourni par l'architecte un métré général. Il demande en conséquence, tant cette pièce que les devis originaux et toutes les autres pièces composant le premier projet approuvé.

M. Scheult se mit immédiatement à l'œuvre. Il y travailla avec ardeur et s'appliqua à éviter toute sorte d'erreur; le 23 mai 1846, il arrêta le métré et le décompte général, tels qu'ils étaient demandés, de tous les travaux exécutés jusqu'en fin de l'exercice 1844.

Dans ce nouveau et important travail, fait avec autant de méthode que de clarté, et qui contient les détails les plus précis et les plus circonstanciés sur chaque nature d'ouvrage, l'architecte fit une application rigoureuse du métré à chaque partie de la construction, en en exprimant toutes les formes et toutes les dimensions. Il y joignit un tableau résumé qui avait pour objet de démontrer que les demandes en quantités exprimées au premier devis ne seraient pas dépassées à l'exécution, ce qui est bien rare.

Le 29 mai, six jours après sa confection, ce travail fut transmis au ministre avec tous les documents et renseignements qui l'appuyaient.

La liquidation qui, aux termes de la soumission approuvée le 23 octobre 1845, devait être terminée et soldée dans le courant des exercices de 1845 et 1846, fut longue et donna lieu aux examens les plus approfondis, aux vérifications les plus minutieuses.

Enfin, le 12 septembre 1846, le ministre l'arrêta.

Sa décision prouve à quelles investigations on s'était livré dans les bureaux du ministère.

Après avoir rappelé que le montant général du métré s'élevait, rectification faite de quelques erreurs de calcul, à . . . . 306,736 fr. 87 c.

Le ministre entre dans de nombreux détails sur les décomptes sommaires de chaque exercice; il rappelle sa décision du 15 septembre 1841, écartant du décompte de 1839 deux sommes montant à . . . . 2,355 fr. 04 c.

Il rejette du compte général vingt-sept articles s'élevant à 14,002 fr. 65 c. et s'exprime ainsi :

« J'approuve en résumé le compte, et j'arrête la dépense de la manière suivante :

» Montant du métré.. . . . . 306,736 fr. 87 c.
» A déduire les sommes retranchées.. . . . . 14,002 65

» Reste. . . . . 292,734 fr. 22 c.

« Les honoraires de l'architecte sont de.. . . . . 14,636 71

« Le total général de la dépense demeure fixé à. 307,370 93

» Sauf à l'entrepreneur à se pourvoir, s'il le juge à propos, devant le conseil de préfecture, en interprétation des clauses de son marché.

» Cette dépense se divise comme suit :

« Exercice 1839. . . . . 25,941 fr. 87 c. ⎫
        »   1840. 35,000   »   ⎪
        »   1841. 35,000   »   ⎬ 288,318 fr. 36 c.
        »   1842. 50,000   »   ⎪
        »   1843. 60,000   »   ⎪
        »   1844. 82,376   40 ⎭

« La dépense afférente à 1846 est de 19,052 fr. 57 c., dont je vais vous ouvrir le crédit, dit le ministre au préfet, sur les fonds du chapitre X de cet exercice.

« Des mesures seront prises en outre pour la réimputation et l'ordonnancement suivant les dispositions législatives concernant les dépenses de l'exercice clos, de la somme de 22,000 fr., restant due sur celle de 82,376 fr. 45 c., admise en compte pour l'année 1844, aussitôt que vous m'aurez adressé l'état des ayant-droit à ces 22,000 fr.

« Je vous renvoie les pièces de l'affaire au nombre de . . . . . . pour servir à la délivrance des mandats de solde. »

Le ministre termine en disant qu'il n'a pu statuer faute de détails sur une réclamation d'indemnité, formée par M. Seheult, et il demande au préfet des renseignements et son avis à cet égard.

Cette liquidation si longue, faite avec tant de soin, qui était tout à la fois la consécration et l'exécution par l'administration du nouveau traité, terminait irrévocablement tout ce qui était relatif aux travaux exécutés jusqu'en fin de l'exercice de 1844.

Le jour même où le ministre rendait sa décision (12 septembre 1846), il écrivait une seconde lettre au préfet pour lui annoncer qu'il avait porté de 60,376 fr. 49 à 82,376 fr. 49 le montant des dépenses à admettre en 1844 ; qu'il en résultait la nécessité d'une modification à une liquidation arrêtée le 17 avril 1845 ; que la nouvelle liquidation faisait ressortir une solde de 22,000 francs pour l'ordonnancement desquels des mesures seraient prises.

En conformité de ces deux décisions ministérielles, le préfet écrivit, le 1er octobre 1846, à M. Seheult, pour lui demander les noms et qualités des ayants droit aux 22,000 francs.

Ces renseignements furent fournis. La somme appartenait à M. Garreau et à

3

l'architecte ; elle fut ordonnancée à leur profit. Celle de 19,052 fr. 56, à prendre sur le crédit de 1846, le fut en faveur de M. Garreau seul. L'une et l'autre ont été touchées et quittances en ont été données; ainsi s'est trouvée soldée toute la période de 1839 à 1844.

Comme on l'a remarqué, 14,002 fr. 65 avaient été retranchés à l'entrepreneur sur ces exercices. Dans cette somme figurait l'une de celles déjà écartées par la décision du 15 septembre 1841, la plus forte montant à 2,072 fr. 71 c.; pour la seconde, qui n'était que de 282 fr. 04 c., le ministre n'avait point persisté dans son premier rejet.

M. Garreau s'empressa de réclamer contre le retranchement des 14,002 fr. 65 c.; il en appela au ministre lui-même, et dans un mémoire du 22 octobre 1846, appuyé d'un rapport de M. Seheult, en date du 24, il démontra que presque tous les articles rejetés lui étaient légitimement dus, d'après la saine interprétation et la judicieuse application des clauses de son marché.

Les événements de 1848 sont venus interrompre la suite qui devait être donnée à cette réclamation ; elle est restée pendante.

Les travaux faits, jusques et y compris 1844, se trouvant ainsi reçus, réglés et soldés, tout étant consommé à leur égard et la chose jugée faisant la loi irréfragable des parties pour le passé, il ne reste plus pour M. Garreau qu'à expliquer l'exécution donnée au nouveau marché revêtu de l'approbation ministérielle du 23 octobre 1846 et les droits qui en dérivent en sa faveur.

§ 2.

Exécution du nouveau marché quant aux travaux à partir de 1845.

Les travaux de l'exercice de 1845 devaient, aux termes de la soumission, recevoir l'application des nouveaux prix portés à l'encre rouge dans le décompte général, en fin de 1844.

Le décompte sommaire des travaux exécutés dans la campagne de 1845 fut établi par M. Seheult et adressé au préfet, qui le transmit au ministre le 22 septembre de la même année. Ainsi que le rappelle la lettre ministérielle du 15 décembre 1845.

Il s'élevait en dépenses à . . . . 129,240 fr. 12 c.
Sur quoi il avait été payé en à-compte pendant
l'exercice. . . . . 60,000 »
De sorte qu'il restait dû. . . . . 69,240 fr. 12 c.

Ce décompte était, comme tous les précédents, accompagné de toutes les pièces justificatives et de tous les éléments qui pouvaient en faire connaître les détails et les résultats.

En 1846, ces travaux reçurent une grande extension, dont il faut faire connaître la cause.

Travées en augmentation.

Les fouilles des fondations de l'abside ayant mis à découvert les anciennes fondations dont on ne pouvait se servir qu'avec l'adjonction d'une travée, un rapport sur cet état de choses fut fait et des détails réclamés, le 6 novembre 1845.

Le 29 du même mois, le ministère, aux demandes duquel il avait été déféré par l'envoi de tous les renseignements propres à éclairer son jugement, écrivit au préfet, qu'avant de prendre un parti il avait besoin de connaître la dépense supplémentaire qui résulterait de la construction d'une travée sur les fondations nouvellement découvertes.

Par sa lettre du 6 décembre, le préfet demanda un devis à l'architecte. Il fallut le temps de l'établir.

M. Seheult le remit le 25 février 1846, il montait à. . . 254,005 fr. 27 c.

Ce devis fut, avec les pièces et les plans des projets antérieurs soumis au conseil des bâtiments civils qui l'adopta.

Le ministre prit en conséquence, le 29 juin 1846, une décision qu'il importe de rappeler en entier.

« Paris, ce 29 juin 1846.

» Monsieur le préfet,

» L'un de mes prédécesseurs a approuvé, le 8 octobre 1838, conformément à l'avis du conseil des bâtiments civils, un projet rédigé par M. l'architecte Seheult et montant à 408,884 fr. 80 c. des travaux à exécuter pour agrandissement de la cathédrale de Nantes, de la construction du transsept nord et de la continuation des travées du chœur correspondant à celles qui existaient déjà du côté opposé.

» Les plans arrêtés et dont l'exécution a été confiée au sieur Garreau, par une autre décision ministérielle du 20 juin 1839, ayant été reconnus comporter un complément, j'ai approuvé depuis, sous la date du 30 juillet 1844, également d'après l'avis du conseil des bâtiments civils, un projet supplétif s'élevant à 558,889 fr. 85 c., non compris les honoraires ni une somme de 51.525 fr. 56 c. réservée pour les cas imprévus, des travaux à faire pour la construction d'une abside.

» Ces dernières dispositions, qui ont fait l'objet d'un nouveau marché, passé avec le même entrepreneur et qui a reçu mon approbation le 25 octobre 1845, ont été suivies bientôt de nouvelles propositions.

» Vous avez demandé, en effet, de concert avec monseigneur l'évêque, que des modifications fussent apportées aux projets ; elles consisteraient à augmenter de deux nouvelles arcades, les cinq travées à établir au pourtour du sanctuaire, de manière à prolonger l'édifice de 5 mètres 80 centimètres, et à lui restituer les dimensions projetées dès le principe, pour en harmoniser toutes les dispositions.

» L'idée de ce changement a été suggérée par la découverte toute récente d'un ancien plan présentant l'ensemble du monument, tel que l'avait conçu l'architecte primitif, et à la fois par l'existence de vieilles fondations présumées être celles du chœur resté inachevé.

» Les dépenses que doit occasionner cette modification sont évaluées par le devis supplémentaire qui m'est soumis à la somme de 254,009 fr. 27 c.; mais l'architecte fait observer que l'addition de deux nouvelles travées permettra d'économiser la valeur des maçonneries anciennement construites pour la fondation du mur intérieur, sur lesquelles seront assises les nouvelles constructions et de divers autres travaux en raccordement que nécessiterait l'adjonction immédiate de l'abside aux chapelles latérales déjà formées.

» Cette économie, estimée à 50,000 fr. approximativement, réduira dès lors l'augmentation effective des dépenses à 200,000 fr. environ.

» *D'après votre exposé favorable* et prenant en considération les motifs énoncés dans les raports de M. l'architecte Scheult, ainsi que les vives instances de monseigneur l'évêque, j'approuve ce projet supplétif, *conformément à l'avis du conseil des bâtiments civils*, et je vous le renvoie, ci-joint, en vous autorisant à prendre les mesures nécessaires pour en assurer l'exécution par les soins du sieur Garreau, *et aux conditions du marché passé avec cet entrepreneur le 23 octobre 1845.*

» Afin d'éviter tout mécompte, il importe de fixer, dès à présent, le chiffre des dépenses autorisées, auxquelles s'appliquera ce marché.

» Je vous prie, en conséquence, M. le préfet, d'inviter l'architecte à dresser un résumé sommaire de ces dépenses avec les modifications que produira l'application des conditions de la soumission approuvée le 23 octobre dernier.

» Je désire recevoir ce travail sous le plus bref délai. »

Le travail demandé fut remis le 31 août, avec un rapport explicatif et quelques sous-détails supplémentaires.

En vertu des instructions qui lui furent transmises, des ordres furent donnés par M. le préfet, et les nouveaux travaux marchèrent de front avec les autres.

Le décompte général et développé de l'exercice de 1846 fut établi au mois de mai 1847.

On avait dépensé en travaux :

Pour le transsept.	33,086 fr. 20 c.	
Pour l'abside.	20,368	90
Ensemble.	53,455 fr. 19 c.	
En approvisionnements.	33,687	39
En main-d'œuvre relative aux approvisionnements. .	6,357	35
Les honoraires de l'architecte, à 5 pour 100 sur les dépenses effectuées, s'élevaient à.	4,675	»
Total.	98,174 fr. 93 c.	

Ce décompte, avec les pièces qui l'accompagnaient, fut déposé à la préfecture et envoyé au ministre; il ne donna lieu à aucune critique.

L'exercice de 1847 comprit avec les travaux du transsept et ceux de l'abside, ceux commencés à la travée complémentaire, autorisés par la décision du 29 juin 1846.

Un premier décompte de cet exercice fut dressé et transmis au ministre le 22 août 1847. Il avait pour but de faire obtenir un à-compte à l'entrepreneur. Le 8 janvier 1848, l'architecte en récapitula les diverses parties et y joignit un tableau de rectifications par lui faites aux décomptes de 1845 et 1846, s'élevant à 627 fr. 22 c., qu'il fit figurer dans sa récapitulation.

La valeur des travaux exécutés était portée à.		129,126 fr. 40 c.		
Les approvisionnements :	fournitures. .	23,867 fr. 99 c.	28,862	29
	main-d'œuvre.	4,994	30	
		157,988 fr. 69 c.		

Le décompte dont il s'agit ne comprenait pas tous les travaux de la campagne. L'architecte établit, le 14 février suivant, un décompte supplémentaire du même exercice.

Il en résultait que

La totalité des travaux exécutés durant l'exercice entier s'élevait à la somme de. . . . . 147,978 fr. 96 c.

Les approvisionnements : { main-d'œuvre. 13,386 fr. 40 c.
1/20°. . . . 669 32 } 62,069 85
matériaux . . 48,014 13 }

Total général. 210,048 85

Sur quoi il n'avait été payé que. 59,000 00

De sorte qu'il restait dû à l'entrepreneur. . . . . . . 151,048 fr. 85 c.

A ce décompte était joint un état de situation relatif aux travaux divers exécutés aux édifices diocésains en fin d'exercice 1847, état de situation présentant la récapitulation des dépenses effectuées à la cathédrale au 31 décembre de la même année.

Ces pièces et leurs annexes furent adressées au ministre, qui ne fit d'observation ni sur le décompte du 22 août 1847, ni sur la récapitulation et l'état de rectifications du 8 janvier 1848, ni sur le décompte supplémentaire du 14 février.

L'importance des travaux exécutés avait de beaucoup dépassé les crédits accordés. L'entrepreneur cédant aux exhortations de la population et des autorités de Nantes, leur avait donné une grande impulsion, et s'était mis à découvert pour des sommes considérables. Aussi, M. le préfet Rouleau Dugage, qui avait succédé à M. Chaper, appuyait-il vivement, dans une lettre du 22 décembre 1847, l'ordonnancement de 10,000 fr. qu'il considérait comme devant solder les 14,002 fr. 65 c. (1), objet de la réclamation de M. Garreau contre le règlement du 12 septembre 1846; et, disait-il, que le zèle, l'activité et le dévouement qu'avait déployés cet entrepreneur dans l'entreprise, étaient dignes d'éloges.

« Pour la cathédrale, disait le même fonctionnaire, le 4 février 1848, dans une lettre au ministre, deux choses sont urgentes : livrer au public la partie construite au moyen d'une dépense de 100,000 fr. pour le ravalement des maçonneries, continuer les constructions inachevées. Ce ravalement une fois exécuté, on pourrait enlever les échafaudages et les employer pour les constructions extérieures... D'un autre côté, l'église est si insuffisante dans son état actuel qu'il est réellement pressant d'utiliser la partie construite... »

Et plus loin :

« J'insiste avec monseigneur l'évêque pour que le ministre veuille bien demander aux chambres un crédit spécial pour l'achèvement de la cathédrale, qui marchera beaucoup trop lentement et coûtera en définitive beaucoup plus cher, si on continue d'y pourvoir avec les minces ressources du budget ordinaire... »

Quinze jours plus tard, la révolution de Février éclatait ; ministre, directeur, employés supérieurs et préfet disparaissaient. La direction des cultes était réunie au ministère de l'instruction publique, et passait dans de nouvelles mains.

_____

(1) Ce chiffre avait été réduit, en vue du nouveau marché, à 9,328 fr. 25 c., l'entrepreneur ayant dû garder pour son compte différents objets dont la valeur figure dans les 14,002 fr. 65 c.

Les ressources de l'entrepreneur étaient épuisées; ses besoins étaient plus impérieux que jamais.

Lié envers l'État, envers une masse d'employés et d'ouvriers qu'il importait d'occuper, envers des fournisseurs que les circonstances frappaient comme lui, privé du crédit et des facilités qu'il avait eus jusqu'alors; créancier de fortes sommes dont le recouvrement était devenu ou difficile ou impossible, M. Garreau eut besoin de toute son énergie pour faire tête à l'orage. Grâce à la confiance dont il jouissait et aux sacrifices qu'il s'imposa, il surmonta les difficultés de la situation.

Bientôt fut établi à Nantes, comme commissaire du gouvernement provisoire, M. Guépin qui, connaissant l'architecte et l'entrepreneur des travaux de la cathédrale, plaida leur cause auprès de l'autorité supérieure. Cette cause était encore plus celle des ouvriers que la leur.

Dès le 3 mars, monseigneur l'évêque de Nantes écrivit à M. le commissaire une lettre qui honore trop la mémoire du digne prélat pour n'être pas transcrite ici en entier :

« Monsieur le commissaire général,

» Au moment où vous vous occupez d'établir des ateliers de travail pour la classe ouvrière, permettez-moi de recommander d'une manière particulière à votre bienveillante sollicitude le chantier ouvert pour l'achèvement de notre cathédrale.

» Déjà l'entrepreneur dont nous apprécions tout le dévouement y a fait rentrer quelques ouvriers; mais les avances considérables qu'il a faites et qui devaient lui rentrer au moins en partie dans le courant de février dernier ne lui permettraient pas, si on ne lui procurait immédiatement des ressources, de donner aux travaux toute l'extension qu'ils comportent et que réclament les besoins de la classe nombreuse des maçons et des terrassiers qui y sont employés.

» L'achèvement de la cathédrale de Nantes se trouve compris dans les travaux approuvés qui font l'objet des allocations notées en 1847 pour l'exercice 1848; sans les événements qui viennent de s'accomplir, un crédit serait déjà ouvert pour la présente campagne, ainsi qu'il s'est toujours pratiqué les années précédentes.

» Je viens donc vous prier, monsieur le commissaire général, dans l'intérêt des ouvriers, comme dans celui de notre cité, si grandement intéressée à l'achèvement d'un édifice qui doit être l'une de ses gloires, de vouloir bien autoriser M. l'entrepreneur Garreau aîné à augmenter le nombre des ouvriers de son chantier; je vous prierai également d'avoir la bonté de solliciter de M. le ministre des cultes l'ouverture immédiate d'un crédit en rapport avec l'importance des travaux entrepris. M. l'architecte du département pourrait vous donner les renseignements que vous pourriez désirer. Il n'est peut-être pas inutile d'observer que les approvisionnements sont faits, que les pierres sont taillées, que tout en un mot est disposé au chantier de la cathédrale pour que l'on puisse à l'instant même donner aux travaux de main-d'œuvre tout le développement que l'on jugera nécessaire.

» En transmettant à M. le ministre des cultes les budgets diocésains, j'avais demandé qu'il autorisât les travaux de ravalement dans la partie déjà construite, afin que le public pût en jouir au plus tôt. Cette prise de possession d'une partie de la nouvelle église ne pourrait que produire une heureuse impression sur l'esprit des populations.

» Vous aimerez, je n'en doute pas, monsieur le commissaire général, à signaler les dispositions du gouvernement provisoire et celles qui vous animent personnellement en imprimant une efficace impulsion à une œuvre qui se concilie toutes les sympathies, non-seulement des gens religieux, mais encore des amis des arts et de tous ceux qui s'intéressent à l'embellissement de votre ville. »

Cette lettre, les démarches du maire (1), des autorités, des hommes influents de la ville et du département, portèrent M. Guépin à réclamer du ministre un crédit de 40,000 francs qui fut accordé le 6 avril. M. Garreau put continuer ses travaux.

Le même jour 6 avril, M. Lassus, architecte à Paris, qui alors faisait édifier à Nantes, sur l'emplacement de l'église Saint-Nicolas, une église nouvelle, dont certaines parties avaient malheureusement éprouvé de grands accidents, recevait du nouveau ministre de l'instruction publique et des cultes, la mission de constater l'état des travaux en construction à la cathédrale, et de lui en rendre compte. C'était donner pour juge à l'architecte de la cathédrale de Nantes son rival le plus prononcé et le plus hautement hostile. On verra plus loin avec quelle témérité il a attaqué un confrère qui n'avait d'autre tort à ses yeux que d'avoir été plus habile, plus prévoyant ou plus heureux que lui. C'était ou une surprise faite à l'administration ou un acte de faveur pour l'un et d'injustice pour l'autre.

Le 26 du même mois, M. Lassus fit un rapport où il déclara toutefois que toutes les constructions élevées étaient exécutées avec soin, en bons matériaux ; que *sous le rapport de la construction*, l'architecte et l'entrepreneur ne méritaient que des éloges. La restriction de M. Lassus va s'expliquer.

Les inspirations qui avaient fait accepter cet architecte pour contrôler des travaux qu'il n'avait pu voir sans éprouver un vif sentiment d'envie, et le but qu'il s'était proposé, ne tardèrent pas à se révéler.

Le 2 juin, une nouvelle mission lui était accordée ; en en donnant avis à l'évêque, le commissaire du gouvernement faisant fonction de préfet, disait au prélat : « que le ministre avait été frappé, d'après *les rapports qui lui avaient été faits*, des dépenses énormes auxquelles donnerait lieu l'agrandissement de l'église du côté de l'abside ; qu'il avait pensé, par suite, que dans les circonstances actuelles il conviendrait de suspendre jusqu'à nouvel ordre cette partie des travaux, et d'appliquer les ressources disponibles aux travaux intérieurs ; M. le ministre ajoutait que M. Lassus, qui venait d'arriver à Nantes, était chargé de mettre cette décision à exécution, conformément aux instructions qui lui étaient adressées ; qu'il allait prendre connaissance des travaux déjà effectués et établir la position nette, précise et régulière de l'entrepreneur vis-à-vis de l'administration ; qu'il aurait en même temps à examiner les travaux tant intérieurs qu'extérieurs qui restaient à faire d'après le projet, en y introduisant les modifications et restrictions qu'il croirait convenables d'apporter au projet primitif, la dépense totale à laquelle l'achèvement des travaux donnerait lieu ; que M. Lassus s'occuperait ensuite des mesures à prendre pour tirer un utile parti des travaux exécutés et assurer la

(1) M. F. Favre.

conservation de l'édifice, notamment sur la partie des fondations de l'abside restée découverte. M. le commissaire disait en outre que l'entrepreneur Garreau aurait à s'entendre sur la nouvelle direction à imprimer aux travaux avec M. Lassus, qui était du reste autorisé, dans le cas où M. Garreau n'accepterait pas ces nouvelles conditions, à organiser *une régie* au compte de l'État.

On pourrait se demander, si M. Lassus n'avait pas eu une entreprise à Nantes, pourquoi ces pouvoirs exorbitants donnés à un architecte de Paris, qui n'y était pas autrement connu, et qui, précisément, parce qu'il avait été malheureux dans sa construction, voyait avec un œil jaloux s'élever à côté de son église et sans le moindre contre-temps les travaux gigantesques de la cathédrale, lorsqu'il y avait sur les lieux un architecte en chef du département, un homme d'un talent éprouvé que recommandaient de longs, d'honorables services, qui depuis dix ans s'était consacré à ces travaux, qui avait constamment vu ses plans, ses projets, ses devis, ses rapports approuvés par le conseil des bâtiments civils et admis par l'administration supérieure. On pourrait se demander pourquoi cet empressement à dépouiller M. Séheult, à qui tout le pays rendait justice, au profit de M. Lassus. Qu'eût-on dit si M. Séheult eût été chargé de vérifier les travaux de Saint-Nicolas dont cependant il n'était pas envieux puisqu'il avait refusé de les diriger?

Mais c'était à une époque où la confusion et le désordre régnaient partout, où les missions et les pouvoirs extraordinaires étaient à l'ordre du jour, où l'administration obsédée était souvent trompée. Ici le scandale du choix a encore été aggravé par l'iniquité de l'œuvre qui l'a suivi.

Selon M. le rapporteur, peu importait qu'un conseil composé des hommes de science les plus savants et les plus expérimentés eût adopté, après un mûr examen, tout ce qui s'attachait à des travaux immenses dont l'ensemble ne pouvait être détruit sans compromettre l'édifice et les intérêts de l'État; peu importait que des marchés eussent été passés, qu'un entrepreneur qui faisait travailler plus de deux cents ouvriers, tant dans son chantier qu'au dehors, fût ruiné par une omnipotence dont on ne trouve d'exemples qu'en temps de révolution. — Tout modifier, tout changer, tout bouleverser..... et si l'entrepreneur refusait d'obéir, organiser une régie..... Voilà le pouvoir arbitraire que M. Lassus aurait obtenu, suivant lui, de la nouvelle direction des cultes. — Un sentiment de réserve et de délicatesse aurait dû l'éloigner d'une mission qui l'exposait à être injuste...... La manière dont il l'a remplie prouve avec quelle satisfaction il l'a reçue.

Son premier soin fut de provoquer le remblai des fondations de l'abside et des travées, pour lesquelles on avait dépensé plus de 190,000 fr., qui auraient été en pure perte, et auxquels il aurait fallu ajouter pour les travaux du remblai et autres provisoires et accessoires environ 25,000 francs.

Le devis sommaire présenté immédiatement portait au reste la dépense à faire d'urgence à 120,139 fr. 9 cent., compris l'achèvement de certains travaux extraits comme les prix y afférents du devis général du 31 août 1846.

Le 12 juillet le directeur des cultes écrivit au préfet, M. Marius Rampal, qui avait remplacé M. Mannoury, deuxième commissaire du gouvernement provisoire, que M. Lassus avait rendu compte au ministre de sa mission, que d'après le rapport de cet artiste, il y avait lieu de suspendre jusqu'à nouvel ordre les travaux d'agrandissement de la cathédrale du côté de l'abside; que cette suspension nécessitait l'exécution de travaux de remblais, que le devis comprenant ces travaux et ceux de couverture, ravalement, dallage, etc., restant à faire, n'ayant paru au ministre susceptible d'aucune observation, il l'avait approuvé; qu'il devait être exécuté immédiatement, et que, à cet effet, un crédit de 50,000 fr. était ouvert.

Lorsqu'arriva à Nantes la nouvelle qu'on allait remblayer les fouilles faites à grands frais pour asseoir les fondations de la cathédrale, qu'au lieu de continuer cet édifice on allait le détruire, un cri général de réprobation s'éleva contre cette mesure; le préfet, le maire, les représentants de la ville et du département réclamèrent énergiquement, et l'administration contremanda sagement les remblais.....

Ce fut l'objet d'une lettre ministérielle du 7 septembre, trop importante pour qu'on ne s'y arrête pas.

Le ministre y rappelle sa lettre du 12 juillet, approbative du devis Lassus, et il dit au préfet :

« Par une lettre en réponse du 27 juillet vous avez cru devoir faire observer que les fondations de l'abside sont en grande partie exécutées, que leur remblai produirait le plus fâcheux effet au point de vue polititique et religieux, en laissant supposer l'abandon de constructions déjà commencées depuis longtemps et dont l'achèvement est vivement désiré. Vous ajoutez que si ces remblais... étaient un moyen d'arriver à une suppression provisoire il faudrait néanmoins les enlever et mettre de nouveau les fouilles à jour lorsqu'il s'agira de reprendre les travaux, ce qui entraînerait le trésor dans une dépense considérable et sans aucune utilité réelle pour la cathédrale. Vous estimez en conséquence qu'au lieu d'effectuer les remblais proposés, il conviendrait au contraire d'achever ce qui reste à faire des fondations, et vous appuyez cette proposition d'un nouveau devis dressé par M. Scheult, et dont la dépense s'élève, non compris l'imprévu, à 20,511 fr. 11 c.

« Ces motifs, monsieur le préfet, paraissent de nature à être pris en considération... »

Et comme si la pensée de M. Lassus, développée dans ses rapports ultérieurs, avait déjà pénétré dans l'esprit du ministre ou des bureaux, quoique l'avis de M. Scheult prévale, viennent des observations malveillantes, d'abord pour l'architecte du monument, à l'occasion tant de caveaux que l'on disait avoir été exécutés sans autorisation dans les parties de fondation, que des prix portés dans les devis primitifs, signalés comme exagérés, et ensuite pour l'entrepreneur que l'on autorisait le préfet à dépouiller de son entreprise par une réadjudication, ou une mise en régie, dans le cas où il refuserait d'adhérer aux conditions proposées, c'est-à-dire de faire les travaux énoncés au devis de M. Lassus à prix de réglement; abus d'autorité que le préfet n'essaya pas même de commettre, et que dans son désir de procurer du travail à ses ouvriers, M. Garreau rendit inutile en se prêtant à tout ce qu'on lui proposa.

4

Aussi ces travaux ont-ils été exécutés, et tous les attachements nécessaires pour les faire apprécier ont-ils été pris par l'architecte et par l'entrepreneur. M. Seheult avait demandé comme il l'avait fait; autrefois qu'un commis fût préposé par l'administration à cet effet; mais on refusa de faire droit à sa demande, en lui déclarant que ce serait le mettre en suspicion. — M. Lassus n'était pas encore parvenu à lui faire perdre la confiance de l'administration. On verra plus tard ce commissaire incriminer l'architecte de la cathédrale de Nantes pour avoir joui de cette confiance dans le passé, précisément quant à la forme et au contenu des attachements qui ont servi de base tant aux décomptes réglés qu'à ceux à régler.

Il restait toujours à se prononcer sur la reprise des travaux de construction.

En même temps qu'on en réclamait avec instance l'achèvement, monseigneur l'évêque et la fabrique de la cathédrale sollicitaient l'achèvement de l'encadrement des meneaux et broderies du vitrail d'une chapelle intérieure, appelée la chapelle Saint-Clair, dont la restauration avait fait antérieurement l'objet d'un devis particulier en grande partie exécuté.

De son côté, M. le préfet, qui était sur les lieux, qui voyait les choses par lui-même, insistait pour qu'on redonnât, dans l'intérêt de la classe ouvrière, surtout, de l'impulsion aux travaux, ce qui ne pouvait avoir lieu qu'en ouvrant de nouveaux crédits à l'entrepreneur, considérablement en avance.

Pour justifier la nécessité d'un à-compte qu'il demandait, M. Garreau obtenait, le 2 septembre, la présentation du décompte des ouvrages exécutés en 1848, et l'architecte y joignait le décompte général, résumé des dépenses faites pendant les exercices 1845, 1846, 1847 et 1848; le 9 du même mois, en envoyant ces pièces au ministre, le préfet lui disait :

« Il résulte de ce tableau que le gouvernement serait redevable
au citoyen Garreau d'une somme de. . . . . 175,055 fr. 64 c.
» Et au citoyen Seheult. 8,752 78

» Total. . . . . 183,808 fr. 42 c.

» Je joins au dossier, et je vous transmets avec cette lettre une demande que m'adresse le citoyen Garreau, à l'effet d'obtenir le payement d'un à-compte de 50,000 francs sur la somme dont le gouvernement lui est redevable.

» Cet entrepreneur fait valoir *avec juste raison*, à l'appui de sa demande, les avances considérables qu'il a faites, et les sacrifices qu'il s'est imposés dans le but de maintenir ces travaux en activité, depuis la révolution de février jusqu'à ce jour.

» Je vous prie d'accueillir favorablement sa demande, et je vous serai reconnaissant, citoyen ministre, de vouloir bien vérifier le plus tôt possible le décompte ci-annexé. »

Après bien des explications données tant par écrit que verbalement, après une conférence de M. Seheult et de M. le vicaire général de Nantes, avec M. Durieu, nouveau directeur des cultes, qui, après la révolution, avait remplacé M. Dessauret, ce fonctionnaire écrivit le 16 octobre à M. le préfet : 1°que rien ne s'opposait plus à la continuation des travaux; 2° qu'il y avait lieu d'achever le vitrail de la chapel'e Saint-Clair; 3° que sauf les réserves à faire quant aux prix portés dans les décomptes des exercices antérieurs, un crédit de 30,000 fr. avait été ouvert en faveur de l'entrepreneur.

Le même jour, M. le directeur annonçait l'ouverture de ce crédit à M. Scheult, et le 26 le préfet lui écrivait dans le même sens.

Les 30,000 fr. ont été payés à l'entrepreneur le 10 novembre 1848 sur les travaux compris aux devis et autorisations antérieures au mois de février 1848.

Les nouveaux travaux ont fait l'objet d'un décompte particulier en 1848. Ce décompte a été disposé sous une double forme :

Son résultat a offert : en régie pour main-d'œuvre et sous réserve.	32,341 fr. 94 c.
Au prix du devis approuvé.	30,314 81
Différence.	2,027 fr. 13 c.

Depuis le décompte du 2 septembre jusqu'au 31 décembre, il avait été dépensé :

D'après les décomptes.	36,116 fr. 37 c.
Il avait été payé en cinq à-compte	29,533 80
Il restait dû sur le complément d'exercice.	6,582 37

Aujourd'hui, le compte des exercices postérieurs à 1844, s'établit au profit de M. Garreau de la manière suivante :

Dépenses de 1845 à septembre 1848, suivant les décomptes et les tableaux produits.	367,680 fr. 62 c.	
A-compte payés.	237,420 75	
Solde restant dû. . . .	130,259 fr. 87 c.	
Dépenses de septembre au 31 décembre 1848, suivant les décomptes et tableaux. . . . . . 36,116 fr. 17 c.	6,582	37
A-compte reçus. 29,533 80		
Dépenses en 1849.	2,770	37
Total. . . .	139,612 fr. 61 c.	

Non compris :

1° Des approvisionnements en granit seulement pour. . . . . 12,474 fr. 34 c.	16,771 fr. 90 c.	
2° Les omissions signalées au tableau, joint au décompte. 4,297 56		
3° La réclamation restée pendante devant le ministre, relative aux 14,002 fr. 65 c., rejetée par la décision ministérielle du 12 septembre 1856, réclamation que l'entrepreneur a le droit de porter devant le conseil de préfecture, en vertu de la loi du 28 pluviôse an VIII.	Mémoire.	
	156,384 fr. 51 c.	

M. Garreau a attendu, jusqu'à ce jour, les résolutions de l'administration, sur l'exécution de son marché, dans les liens duquel on le tient sans l'exécuter. Toute la campagne de 1849 s'est écoulée sans travaux de quelque importance... Les approvisionnements des années antérieures sont restés sur le chantier; les commis, les ouvriers... il a fallu pourvoir à leur existence. Pour les sommes dues par l'entrepreneur aux fournisseurs, il a fallu prendre des mesures onéreuses... à l'égard des sommes dues suivant les décomptes produits : au lieu de payer l'entrepreneur, on lui a communiqué les rapports de M. Lassus... ; il est temps d'en parler.

L'analyse fidèle et complète des faits et des actes a fait connaître les relations de l'architecte et de l'entrepreneur de la cathédrale de Nantes avec le ministère des cultes.

Pourquoi ces relations ont-elles si promptement changé de nature?

Le dernier acte de la précédente administration est la lettre de M. le préfet Rouleau du Gage, du 4 février 1848, dont on a fait connaître un fragment à la page 21.

Dans une autre partie de cette lettre, M. Rouleau du Gage avait déclaré au ministre que la somme de 150,000 fr. demandée pour 1848 était insuffisante, si l'on voulait éviter de sérieux embarras; que la moitié de cette somme était déjà due à M. Garreau *pour avances nécessaires* que cet entrepreneur avait faites dans le but de maintenir les ateliers en activité, par suite de la nécessité de terminer immédiatement les fondations de l'abside, d'une grande profondeur, pour éviter des éboulements qui auraient eu lieu inévitablement pendant l'hiver, si ce travail eût été interrompu.

Si, dans l'hiver de 1847 à 1848, il y avait nécessité, comme le disait M. Rouleau du Gage, de maintenir en activité les ateliers, cette nécessité n'était assurément pas moins impérieuse après le 24 février.

Mais la mission de M. Lassus est venue tout paralyser.

Cette mission si extraordinaire,

Qu'est-ce qui la nécessitait?

Qu'est-ce qui l'expliquait?

Qu'est-ce qui la justifiait?

Pourquoi l'architecte du département, qui, depuis dix ans, dirigeait les travaux, était-il si brusquement écarté par une bureaucratie nouvelle, sans aucun avis préalable, sans même que le commissaire du gouvernement provisoire, qui était de la ville, eût été consulté?

On se faisait ces questions à Nantes lorsqu'on y vit M. Lassus, muni de sa commission du 6 avril, visiter les travaux le 7 et les jours suivants.

Dans un rapport du 26, la vérité, l'évidence et la voix publique le portèrent à déclarer que les travaux étaient bien exécutés et en bons matériaux; il n'avait pas encore songé aux remblais des fondations, car il dit que :

« Ces fouilles importantes exécutées au pourtour de l'abside ayant fait découvrir l'ancien mur de fondation évidemment destiné à supporter des piles isolées du sanctuaire, dans les plans primitifs, l'architecte avait dû nécessairement modifier son projet et ajouter une chapelle de chaque côté ; que c'était ce projet adopté en principe seulement par le conseil des bâtiments civils, que l'on exécutait, *que les fondations des quatre chapelles absidales du côté du nord étaient presque terminées et les autres commencées.*

Après avoir indiqué la profondeur des fouilles poussées sur un point *jusqu'à 15 mètres 40 centimètres*, M. Lassus ajoute *que toutes les fondations sont exécutées avec soin...., que la grande profondeur des fouilles ayant engagé l'architecte à demander l'établissement de caveaux, tous les sommiers qui devront plus tard recevoir les arcs des voûtes, ont été taillés et logés dans les maçonneries.....*

Ce rapport était en harmonie avec ceux de MM. les inspecteurs généraux, qui avaient, à diverses reprises, visité les travaux.

Il ne faisait que rendre à l'architecte et à l'entrepreneur une justice que les hommes de l'art et le public leur rendaient; mais les choses changèrent bientôt de face.

La question du remblai des fondations sortit du devis de M. Lassus, du 10 juin; dans l'intitulé de ce devis, il se dit chargé par le ministre *de faire exécuter le remblai des fouilles de l'abside*, la construction des murs de clôture du chœur, tous les travaux en achèvement du transsept... et il fit connaître le chiffre de la dépense.

C'était évincer par le fait l'architecte et détruire les espérances qu'il avait légitimement fondées sur l'exécution de ses conceptions. C'était là que M. Lassus voulait en venir. M. Scheult avait vaincu toutes les difficultés. Il n'avait plus qu'à recueillir le fruit de ses immenses travaux... Le supplanter, le remplacer, s'élever sur sa ruine, voilà la combinaison dans toute sa moralité.

Quant à l'entrepreneur, s'il ne se prêtait pas aux volontés qu'on lui signifierait... adjudication ou mise en régie des travaux : voilà ce qui lui était réservé pour prix de son dévouement et des dangers qu'il avait courus.

Les réclamations qui furent élevées contre le projet de remblai, les démarches faites auprès du ministre pour le faire écarter, la lettre du préfet, M. Marius Rampal, du 27 juillet 1848, écrite dans le même sens, et la décision ministérielle du 7 septembre, qui rapporta les instructions données à ce sujet à M. Lassus, ne furent pas du goût de cet envoyé.

La raison, la justice et le véritable intérêt de l'État l'emportaient; mais si M. Lassus n'avait pas réussi dans cette première partie de son plan, il lui restait d'autres moyens de faire beaucoup de mal à deux hommes qu'il avait entrepris de sacrifier. Il n'avait pas tout dit dans le préambule de son devis du 10 juin 1848, et il avait une mission à laquelle il se proposait de donner une bien autre portée que celle de faire exécuter un remblai, quelque coûteux qu'il dût être, et quelques travaux d'urgence et d'achèvement.

Lorsqu'il remettait ce devis, il avait dans les mains une nouvelle commission antérieure de huit jours (elle est du 2 juin 1848), qui le chargeait de prendre connaissance des travaux déjà effectués, d'en dresser le métré, d'en constater l'accord ou le désaccord avec les termes du projet primitif, de faire en un mot LA RÉCEPTION DE

TOUS LES TRAVAUX EXÉCUTÉS, et d'établir la position nette, précise et régulière de l'entrepreneur vis-à-vis de l'administration (1).

Pour accomplir sa mission, M. Lassus se fit accompagner de deux de ses subordonnés, MM. Lebloud, vérificateurs, qu'il installa à Nantes.

Ces messieurs, avec toute l'autorité qui leur était déléguée, visitèrent, inspectèrent, touèrent, interrogèrent, et ils trouvèrent dans M. Seheult le type de cette austère probité qui, loin de se plaindre d'investigations, quels qu'en soient la forme et le fond, les appellent et les facilitent, parce qu'elles doivent faire briller la lumière.

Il remit sans inventaire ni récépissé tout ce qu'il avait de pièces, de documents et de renseignements, et il fit cette remise spontanément à des hommes qui, loin de chercher la vérité, comme il le croyait dans l'honnêteté de son cœur, ne s'étudiaient, sous l'inspiration de leur chef, qu'à ruiner sa réputation, à lui faire perdre sa place, sa position et son honneur.

Une lettre du 20 février 1849, écrite à M. Seheult, par celui des vérificateurs qui a fourni à M. Lassus les éléments de son rapport, prouve qu'aucune demande légitime n'est restée sans réponse. Elle débute ainsi :

« Je vous remercie de votre réponse à mes deux dernières lettres. D'autres vont suivre encore, et je viens vous prier d'y vouloir bien faire réponse promptement. »

Puis suit une demande de renseignements sur douze articles montant à 2,533 fr. 87 cent.

M. Lebloud commettait autant d'erreurs qu'il faisait de reprises; il cherchait à remettre en question les décomptes antérieurs à 1845 définitivement réglés.

M. Seheult lui répondit le 8 mars par la lettre suivante :

« Nantes, le 8 mars, 1849.

« Monsieur,

» J'ai reçu vos deux lettres datées du 20 février et 6 mars 1849, la première me réclamant divers renseignements sur des articles qui sont compris dans mon décompte général des travaux exécutés à la cathédrale de Nantes, de 1839 à 1844, inclusivement; la deuxième m'invitant à répondre à celle qui l'a précédée, l'administration vous réclamant vivement de terminer cette affaire.

» J'ai à regretter, monsieur, de ne pouvoir faire droit à votre demande, mais vous eussiez pu reconnaître qu'en l'absence de mes décomptes annuels et généraux que vous possédez, ainsi que de tous les documents à l'appui adressés à M. le ministre qui en a accusé réception, il m'est impossible de répondre aussi explicitement que cela me paraît nécessaire en présence de droits attaqués, de probités suspectées.

_____

(1) En présence des nombreuses décisions ministérielles que l'on connaît, peut-on raisonnablement admettre que le ministre, que le directeur, qui ont signé les pouvoirs de M. Lassus aient voulu autre chose qu'un rapport sur les marchés *existants*, sur l'état des travaux, et cela sans investigations rétrospectives, sans prétendre élever une discussion sur des décomptes réglés et soldés, sans chercher à faire le procès à l'ancienne administration... Personne ne croira à cette extension d'une mission qui, renfermée dans ses plus étroites limites, était déjà si abusive par le favoritisme dont elle portait le cachet.

» Je pense d'ailleurs qu'en examinant avec un peu d'attention les pièces que je viens de vous désigner, vous trouverez les traces de la vérité que comme moi vous désirez suivre, et que vous aurez à regretter l'expression c'est grave ajoutée à votre lettre en la relisant, puisque l'écriture est d'une encre différente : cette expression est un jugement, et juger sans entendre est un peu draconien pour l'année 1819. Vous n'avez point eu cette intention, j'ai dû me le persuader avant de vous répondre, mais je n'ai pu d'abord me préserver d'un peu d'animation, et de là mon silence.

« Un avis consciencieux vous avait été demandé par M. le ministre des cultes, et je n'aurais rien de plus à vous dire, monsieur, si vous aviez tenu la promesse que vous m'aviez faite de terminer votre travail en novembre dernier; malheureusement vos nombreuses occupations sont venues contre-balancer vos bonnes intentions, et M. l'entrepreneur Garreau devra en subir pour fâcheuse conséquence des pertes d'intérêts considérables que vous déplorerez comme moi.

« Quant à ce qui me concerne, je dois entièrement vous rassurer pour vous donner toute liberté ; je puis parfaitement regarder en face et les accusateurs et les complices qu'ils ont pu vouloir me donner. Justice sera faite, veuillez en être convaincu, et tout ce qui vous semblera douteux ou improbable même sera parfaitement démontré et prouvé; les enquêtes administratives et judiciaires, s'il est nécessaire, mettront la vérité au grand jour, et homme honoré jusqu'à ce moment je resterai honoré; c'est grave, comme vous voyez; mais dans un sens différent que celui que vous avez donné à cette expression, et qui peut au moins sympathiser avec mes habitudes.

« Agréez, je vous prie, monsieur, mes civilités très-empressées,

« Signé, S.-F. SERRELT. »

Cette lettre peint l'homme qui l'a écrite. Il serait à souhaiter que l'administration n'employât que des hommes de cette trempe ; mais ce n'est pas dans les antichambres du pouvoir qu'on les trouve. Ils n'ont d'autre protecteur que leurs œuvres, leur sévère probité, l'estime de quiconque les connaît, d'autres échos que la conscience et la voix des honnêtes gens.

M. Leblond poursuivit le cours de ses vérifications, et le 3 avril 1849, il remit son travail à son chef.

M. Lassus s'en est servi pour faire son rapport daté du 14 avril.

L'un n'est, à vrai dire, que la paraphrase de l'autre.

Dans cet étrange rapport, l'auteur s'est évertué à déprimer l'architecte des travaux de la cathédrale de Nantes, et à faire retomber toute la responsabilité pécuniaire de ses accusations sur l'entrepreneur.

La passion la plus violente l'a inspiré, égaré, trompé.

On peut en juger par ses prémisses :

Il débute par dire qu'il a été amené à considérer comme nulles toutes les décisions postérieures à la première soumission (celle du 11 février 1839, expliquée par la lettre du 1er mars et approuvée le 20 juin même année), effaçant ainsi, d'un trait de plume, le marché passé avec le ministre le 23 octobre 1845 et la décision ministérielle du 12 septembre 1846, portant règlement définitif de tous les travaux exécutés, jusqu'en fin de l'exercice de 1844.

Le rapporteur se donne ensuite carrière et fait le généreux à sa façon. Il aurait dû, dit-il, d'après son point de départ, se renfermer strictement dans les

lauses du premier traité; mais il a, au contraire, amélioré considérablement la
position de l'entrepreneur.....

Voici pourtant, malgré sa tolérance, sa générosité, le résultat qu'il a eu le
courage de présenter :

Les divers décomptes établis par M. Scheult, depuis 1839, montent à.	674,638 fr.	10 c.
M. Lassus les réduit à.	391,283	18
Différence.	283,354	92
Le décompte général, dressé en fin de l'exercice de 1844, a été réglé ministériellement à.	292,734	22
Les honoraires de l'architecte à.	14,636	71
Ensemble.	307,370	93
Les.	292,734	22
Sont abaissés par le rapporteur à.	178,572	69
Ce qui produit, au préjudice de l'entrepreneur, l'énorme différence de.	114,161	53
Et présente ce résultat que le ministre de la justice et des cultes aurait été assez peu soigneux des intérêts de l'État pour lui faire payer.	292,734	22
Ce qui n'aurait valu que.	178,572	05
Plus des honoraires correspondants pour l'architecte.		
De la somme retranchée sur la totalité des travaux, soit. . .	283,324	92
Le rapporteur applique ainsi aux travaux des six exercices de 1839 à 1844	114,161	53
Ce qui fait peser sur les travaux des quatre exercices 1845, 1846, 1847 et 1848, qui s'élèvent à.	367,901	25
Une réduction de.	90,773	58
Et les réduit conséquemment à. . .	277,121	65
Or si les chiffres des six exercices de 1839 à 1844 étaient réduits à. .	178,572	69
comme celui des matériaux seuls relevés sur tas, qui n'ont offert à la vérification de M. Lassus et consorts, que quelques rectifications insignifiantes, inexpliquées et plus que compensées par des omissions détaillées et partiellement justifiées à la perte de l'entrepreneur, s'élève à. .	165,169	98
Il en résulte qu'il ne resterait, pour la main-d'œuvre, les faux frais, les dépenses diverses accessoires et imprévues de six campagnes, que.	13,402	71
Et la main-d'œuvre a seule coûté, durant ces six exercices. . .	141,564	89
De même si les travaux des quatres exercices 45, 46, 47 et 48, étaient réglés à.	277,121	65
Comme les matériaux entrés dans les travaux de ces quatre exercices, y figurent pour.	184,652	59
Il ne resterait pour main-d'œuvre, faux frais, dépenses diverses, accessoires et imprévues des quatres campagnes que.	93,988	06
Et toutes ces dépenses s'élèvent, non compris les honoraires de l'architecte, en réalité à.	183,133	59

Telle est l'inconcevable liquidation offerte par M. Lassus au ministre.

La forme en est digne du fond : les expressions blessantes, dénigrantes, injurieuses abondent dans ce travail accusateur.

S'il disait vrai, M. Seheult n'aurait fait aucune des expériences indiquées dans ses rapports, sous-détails et décomptes ; tout ce qu'a fait avec tant de soin et de conscience cet homme de bien que tout le département de la Loire-Inférieure vénère, ne mériterait aucune créance, serait rempli d'inexactitudes, d'exagération, d'impossibilités, de fausses énonciations.... le cahier des sous-détails qui a servi de base au second marché, *aurait été* fabriqué et l'approbation dont cette pièce est revêtue aurait été *évidemment surprise.*

C'est sur ce ton qu'est écrit tout le rapport.

L'outrecuidance et l'arbitraire y règnent d'un bout à l'autre.

L'auteur y *suppose* qu'en approuvant *certaines pièces* (c'est ainsi qu'il désigne les propositions, cahiers des charges, sous-détails, tableaux de prix, décomptes, etc., *rédigés par* l'architecte), l'administration *n'a pu avoir l'intention* de détruire les conditions de la première soumission ; c'est en partant de cette supposition, qu'il écarte toutes les conventions postérieures légalement formées, loyalement exécutées et qu'il ne craint pas d'appeler sur la tête de l'architecte de la cathédrale une terrible responsabilité, en l'accusant d'avoir provoqué une acceptation sur des pièces inexactes et en contradiction avec le marché qu'il était chargé de faire respecter.

Après s'être ainsi débarrassé de tout ce qui devait l'arrêter dans son arbitraire, M. Lassus s'est traîné dans de puériles et pénibles détails pour établir que l'administration n'avait jamais entendu déroger à la première convention ; que le cahier de sous-détails, pris pour base de la deuxième, n'ayant point été accompagné des seules pièces capables de justifier les expériences dont il avait offert les résultats, ce document devait être rejeté.

Tout le système du rapporteur repose donc sur cette double supposition que, pour les travaux postérieurs à 1844, l'administration a voulu rester dans les prix du premier marché, et que les sous-détails auxquels on s'est reporté pour contracter le second, étant faux dans leurs énonciations, l'approbation ministérielle qu'ils ont reçue doit être frappée de nullité.

Pour colorer ses allégations, M. Lassus a dit qu'aux termes du cahier des charges du 9 avril 1839 :

1° Tous les travaux devaient être métrés ;

2° Ceux mentionnés dans la deuxième partie de la soumission, devaient être formés à l'aide d'*expériences contradictoires, constatées par des attachements réguliers ;*

3° Que d'après le rapport fait au conseil des bâtiments civils, comme d'après

5

l'avis de ce conseil, l'architecte devait présenter le compte des travaux *avec tous les détails nécessaires pour établir et justifier ses estimations, comme aussi les appuyer pour tout ce qui en serait susceptible d'attachements figurés ou écrits parfaitement réguliers;*

4° Qu'il n'existait aucunes pièces envoyées depuis le commencement des travaux jusqu'en 1845, ni métrés, ni décomptes, ni attachements écrits ou figurés quelconques; que la première pièce fournie sur l'entreprise était le gros registre envoyé le 1ᵉʳ avril 1845, comprenant les décomptes sommaires des exercices de 1839, 40, 41, 42, 43 et 44 ;

5° Que la condition qui fixait les prix de base n'avait pas été respectée; et ici M. Lassus relève des particularités sur lesquelles il s'est si manifestement trompé, qu'il faut croire qu'il n'a rien vérifié, rien examiné, qu'il a admis aveuglément le travail et les erreurs de ses deux commis.

Le rapporteur, après avoir signalé comme viciant tous les décomptes et tous les règlements, l'absence d'un registre relié portant des numéros d'ordre et renfermant des attachements dressés contradictoirement, est pourtant obligé de convenir que trois cahiers, portant la date du 19 janvier 1843, avaient été remis à l'administration; que le dernier de ces cahiers était un cahier de sous-détails, et que ce cahier, annexé au nouveau projet (celui de l'abside), contenait les éléments d'évaluation qui en font, dit-il, UNE DES PIÈCES LES PLUS IMPORTANTES DU DOSSIER ; que les sous-détails qu'elle renferme avaient dû être considérés comme présentant les résultats RIGOUREUSEMENT EXACTS DES EXPÉRIENCES PRESCRITES, et comme destinés *à former les seuls prix qui restaient à fixer; qu'à partir de cette époque l'évaluation des travaux ne pourrait plus présenter aucune incertitude, et que toute nouvelle expérience devenait complétement inutile ; que tous les travaux restaient dès lors dans les conditions ordinaires, que tous les prix se trouvaient rigoureusement fixés, soit par la soumission, soit par suite des expériences contradictoires.....* Mais cet acte important et grave doit, suivant M. Lassus, perdre toute sa force, parce que, *selon la supposition* du rapporteur, il n'a pas été entouré de toutes les pièces justificatives, et surtout des attachements réguliers constatant l'exactitude des expériences contradictoires,..... de sorte que c'est toujours sur l'absence présumée d'attachements de l'espèce et de la forme exigés par M. Lassus que roulent ses critiques ; et c'est si bien à la forme plutôt qu'au fond des attachements eux-mêmes qu'il s'est arrêté, qu'après s'être étonné de ne pas les avoir trouvés reliés *en un registre numéroté*, il ajoute :

« Mais ce qui est plus grave... ce sont *les feuilles à têtes imprimées ou états mensuels constatant les fournitures* AINSI QUE LE TEMPS CONSACRÉ À LA MAIN-D'ŒUVRE..... »

M. Lassus trouve ce mode de constatation vicieux, parce que la rédaction des états de journées n'a pas été confiée à un agent comptable officiellement nommé à cet effet ; qu'ils n'étaient que l'œuvre de l'entrepreneur, quoique visés par l'architecte. De là il conclut que tous ces états doivent être rejetés ; que, par suite, tout ce qu'a reçu, admis et approuvé l'administration, tout ce qu'a signé le ministre postérieurement à la première soumission, est nul ; et partant de cette situation, le rapporteur-accusateur fait les calculs arbitraires, dont les résultats sont indiqués à la page 32.

En résumé :

Critique sur la forme des attachements ;

Irrégularité de ces documents ;

Par suite, vice des bases présentées dans le cahier des sous-détails, du 19 janvier 1843, admis pour la fixation des nouveaux prix, à partir de l'exercice de 1843 ;

Nullité du deuxième marché et de ses éléments, des diverses décisions ministérielles qui l'ont consacré et ont réglé et soldé le compte des travaux jusqu'en fin de l'exercice de 1844 ;

Par conséquent applicabilité de la première soumission à tous les travaux, sans distinction d'époque.

D'après ces propositions : règlement monstrueux d'arbitraire, conçu en termes haineux et outrageants pour l'architecte, avec l'évidente intention de faire rejaillir sur l'entrepreneur les résultats d'accusations plus contraires à la vérité, plus injustes les unes que les autres.

Tel est le sens de ce réquisitoire, fait bien plutôt pour faire enlever à l'honnête, au rigide M. Scheult le prix de ses œuvres et en faire gratifier soit le rédacteur, soit quelque solliciteur favorisé, que pour éclairer véritablement l'administration, qui, en présence d'un passé auquel on ne pourrait toucher sans blesser la morale publique, ne se laissera pas surprendre.

Quatre mémoires ont été remis au ministre qui, s'il avait pu les lire, n'aurait pas différé l'acte de justice que la ville de Nantes attend de sa sagesse :

Le premier, daté du 9 avril 1849, est consacré à l'historique des travaux et aux faits généraux de l'affaire. M. Scheult y rappelle que le devis estimatif du 24 mars 1838 n'avait trouvé aucun adjudicataire ; qu'il avait été refusé par M. Garreau ; que la soumission du 11 février 1839 n'avait engagé l'entrepreneur qu'à *livrer certains ouvrages précités, ainsi que les matériaux*, à des prix fixés ; que le surplus du travail devait être fait par attachements convertis en évaluations partielles pour chaque nature d'ouvrage ; que les éléments d'évaluation devaient résulter d'attachements pris contradictoirement entre l'architecte et l'entrepreneur, et comprendre tout à la fois la quantité des matériaux employés et le temps passé par les ouvriers à la construction de l'ouvrage ; que les choses se sont ainsi passées ; que les décomptes, appuyés de tous les renseignements qui pouvaient les faire apprécier, ont été successivement remis, examinés, discutés et approuvés jusqu'en fin de l'exercice 1844 ; que le décompte général des six campagnes 1839, 40, 41, 42, 43 et 44 a été arrêté par la décision ministérielle du 12 septembre 1846; que tout a donc été consommé à cet égard; que les prix portés dans ce règlement étaient justes, sans exagération, établis avec toute la régularité désirable, sous la direction et la surveillance de l'architecte; que le décompte, approuvé par le ministre, avait été soumis au conseil des bâtiments civils qui l'avait admis pour base des nouveaux travaux (ceux de l'abside); que deux des membres de ce conseil avaient inspecté les travaux, avaient félicité l'architecte tant sur leur bonne exécution que sur la régularité des attachements qui se prenaient; que sur le refus de l'entrepreneur de souscrire aux nouveaux prix proposés pour le nouveau marché, le ministre avait lui-même, par sa lettre du 30 juillet 1844, demandé une nouvelle série de prix; — Que M. Garreau, pour donner à l'administration toute liberté de traiter avec qui elle voudrait, avait offert la résiliation de son premier marché; que le conseil des bâtiments civils avait été d'avis d'admettre ses prix et que la décision ministérielle qui avait formé ce nouveau marché avait été précédée d'une longue correspondance et de nombreuses discussions; que le ministre ne s'était décidé qu'après avoir tout comparé, tout apprécié, qu'après avoir consulté plusieurs fois le conseil des bâtiments civils et le préfet; que son acceptation, donnée le 6 septembre, sous la condition d'une modification consentie par M. Garreau, avait été confirmée le 23 octobre 1845, et qu'en exécution d'une lettre ministérielle, le préfet avait signé, le 31, la nouvelle convention qui avait été enregistrée.

Dans son deuxième mémoire, portant la date du 28 avril, M. Seheult s'est livré à l'examen des décomptes incriminés par M. Lassus, et à la réfutation de toutes les critiques de détail contenues dans le travail de ce commissaire.

Pour rendre ses raisons plus saisissantes, M. Seheult les a appuyées de deux tableaux démonstratifs.

Du premier de ces tableaux, il résulte que le total fixé par la décision du 12 septembre 1846, à . . . . 292,734 fr. 22 c. aurait dû être porté, toutes rectifications opérées, à. . . . 301,842   26

D'où la conséquence, que loin de contenir des exagérations, le règlement avait fait perdre à l'entrepreneur. . . . . . 9,108 fr. 84 c.

Le deuxième contient la comparaison des prix fixés pour les travaux de la cathédrale de Nantes avec ceux payés à la même époque pour d'autres travaux publics exécutés à Nantes, pour le compte du ministère de la marine et du ministère des travaux publics.

Dans ce tableau aussi clair que complet, M. Seheult établit de la manière la plus convaincante qu'il était impossible de procéder avec plus de régularité et de loyauté qu'on ne l'avait fait pour réunir les éléments et constater les résultats des expériences. Il relève toutes les objections de MM. Lassus et Leblond sur les métrés, sur les prix des décomptes, et démontre avec évidence jusqu'à quel point ceux-ci se sont trompés. Entre autres faits, on lui reprochait d'avoir fait payer la charpente des combles 152 fr. le mètre cube, tandis qu'elle n'était portée au devis qu'à 132 ; et il prouve, pièces en main, qu'elle n'a été payée que 115 fr. 65 c. Ainsi du reste des prétendues exagérations.

M. Seheult cite un cahier embrassant une série de prix qui lui furent demandés par M. Grillon, inspecteur des bâtiments civils, à une époque correspondante aux travaux de la cathédrale de Nantes. Ce travail lui fournit des comparaisons accablantes pour ses adversaires. Il résulte de ces données et de beaucoup d'autres, que les prix payés pour la cathédrale de Nantes ont été inférieurs à ceux accordés dans le même temps au même entrepreneur pour des travaux moins difficiles, moins grandioses, et n'entraînant pas une aussi grande responsabilité que ceux de la cathédrale. Il invoque à cet égard les règlements faits à la marine et aux travaux publics.

M. Seheult énumère en preuve de l'exactitude des attachements, les prix usuels des matériaux et de main-d'œuvre admis dans les transactions diverses ; enfin il invoque l'opinion de M. Cabrol, ex-directeur, auparavant ingénieur en chef du département de la Loire-Inférieure et pour écarter de lui jusqu'au soupçon soit de négligence, soit de connivence, M. Seheult s'autorise de témoignages qui ne peuvent être suspects à l'administration, de ceux de tous les préfets qui se sont succédé à Nantes depuis le commencement des travaux de la cathédrale : de MM. Maurice Duval, Chaper, Rouleau du Gage, Marius Rampal et de celui de M. le préfet actuel, M. Gauja.

Dans un troisième mémoire en date du 16 mai 1839, M. Seheult analyse d'un bout à l'autre les reprises et les conclusions des vérificateurs; il les suit pas à pas, montre par la décision du 15 septembre 1841 avec quel soin ses décomptes ont été vérifiés, et prouve l'existence dans les bureaux du ministère de toutes les pièces justificatives de ces décomptes; il rappelle la lettre ministérielle du 15 décembre 1845 demandant un métré général de tous les travaux exécutés jusqu'en fin de l'exercice de 1844, avec les pièces à l'appui, les devis originaux et l'envoi des états et renseignements fournis trimestriellement.

« Par ces états, dit-il, je pouvais apprécier l'ensemble de la dépense..... ainsi que les à-compte à demander. La signature de l'entrepreneur était pour moi une première garantie, et je ne donnais mon avis qu'après m'être assuré, par le contrôle de mes employés, que le nombre des journées était conforme à celui nominal qui se tenait chaque jour, et qui contre-vérifiait ceux divisés par catégories d'ouvriers... .. »

Après avoir mis au néant les allégations et les prétendues erreurs, exagérations et faussetés de ses accusateurs, M. Seheult résume tout ce qui a précédé, accompagné et suivi le marché de l'absitle, devenu commun à la nouvelle travée autorisée par décision ministérielle du 29 juillet 1846, aux conditions du marché du 23 octobre 1845, et il conclut du concours de tous les faits, actes et documents de l'affaire, que l'administration n'a rien fait, rien accepté, rien approuvé qu'en parfaite connaissance de cause, qu'après s'être assurée que tous les prix qu'elle allouait étaient dans les limites des marchés, limites rationnelles à raison tant de l'importance des travaux que des garanties de toute nature qu'offrait l'entrepreneur.

Dans son quatrième et dernier mémoire, daté du 25 juin 1849, M. Seheult présente le résumé des attaques et des réponses ; il montre du doigt les erreurs grossières commises par MM. Leblond et Lassus ; en dernière analyse, il prouve que le ministre, dans le règlement du 12 septembre 1846, a plutôt lésé que favorisé l'entrepreneur ; que les premiers décomptes n'étaient pas plus susceptibles que les derniers des reproches qui leur ont été adressés ; que les uns et les autres ont été véridiques, exacts, pleinement justifiés; que les articulations de MM. Lassus et Leblond ne peuvent soutenir une discussion sérieuse, et que le travail de ces grands faiseurs, dont la mission est contemporaine de tant d'événe- ments..... n'est qu'une œuvre de passion et de malveillance, une accusation dénuée de vérité, destituée de preuves, et qui n'a été méditée et lancée que dans un but qu'on n'ose pas avouer, mais que la conscience publique découvre et stig- matise.

Tel est l'état de l'affaire.

Les questions qu'elle présente à décider sont simples et d'une solution facile.

Elles consistent à savoir : d'abord, si la décision ministérielle du 12 sep- tembre 1846, qui règle et apure les comptes de tous les travaux exécutés jus- qu'enfin de l'exercice 1844, doit et peut être écartée comme nulle et de nul effet ;

Ensuite, si c'est la soumission du 11 février 1839 qui doit servir de base au règlement des exercices de 1845, 1846, 1847 et 1848, ou si c'est celle du 24 juillet 1845, modifiée le 22 septembre, approuvée le 23 octobre, et définiti- vement acceptée par le préfet pour l'État le 31 du même mois.

Poser ces questions, c'est les résoudre.

De quoi s'agit-il en effet sur l'une et l'autre question?

Il s'agit de savoir si des contrats régulièrement passés seront exécutés.

Or qu'est-ce qui pourrait en prononcer l'annulation?

Évidemment ce ne serait pas l'administration qui les a formés, et qu'ils obligent comme ils obligent M. Garreau.

L'administration est une des parties contractantes, et lorsqu'il s'élève des diffi- cultés entre elle et un entrepreneur de travaux publics, la loi détermine la juri- diction qui doit en connaître.

Le ministre représente l'État ; il peut arrêter un compte qui lui est soumis comme il peut le contester.

S'il l'accepte, s'il l'approuve, il engage l'État, et son acceptation ne peut être annulée que pour les causes qui emportent l'annulation des contrats ordinaires.

Le ministre avait reçu, avec les renseignements et documents qui les justifiaient, les décomptes des exercices 1839, 1840, 1841, 1842, 1843 et 1844.

Le premier est daté du 24 janvier 1840.

On se rappelle les discussions auxquelles il a donné lieu, la lettre ministérielle du 10 janvier 1840, contenant les observations de l'administration ; celle du secrétaire général de la préfecture sur le même sujet, en date du 26, et celle du ministre, du 15 septembre 1841, dans laquelle il résume la question et dit au préfet :

« L'état de situation concernant la cathédrale constatait en dépense :

» 1° Une première somme pour construction d'une cloison de clôture, de . . . 2,072 fr. 71 c.
» 2° Une autre pour faux frais en arrimage de pierres de taille. . . . 282 33

» Ensemble. . . . . . 2,355 fr. 04 c.

« Mon prédécesseur vous faisait observer que les dépenses non prévues au devis approuvé lui semblaient devoir faire partie des charges de l'entrepreneur.

« Les renseignements que vous m'avez transmis le 30 juin dernier, et les rapports de M. l'architecte Scheult, en date du 12 septembre 1840, tendraient à confirmer cette opinion.

» En effet, ... »

Le ministre entre ici dans des explications qu'il serait superflu de transcrire... Et continuant, il dit :

« Vous concluez, monsieur le préfet, qu'il y a lieu de retrancher l'article de 2,072 fr. 71 c.
de même que celui de. 282 33

» J'accepte cet avis, sauf néanmoins à l'entrepreneur, s'il s'y croit fondé par les termes de son marché, à porter la question devant le conseil de préfecture, conformément à l'art. 8 de la loi du 28 pluviôse an VIII.

» Le montant des dépenses constatées par l'état de situation dressé par M. l'architecte Scheult, le 24 janvier 1840, étant de. . . . . 27,339 fr. 78 c.
se trouvera réduit par les retranchements de. 2,355 04

A. . . . . 24,984 fr. 74 c.

» A ajouter les honoraires de l'architecte. 1,249 23

» Total. . . . . 26,233 fr. 97 c.

» A déduire la valeur de vieux matériaux réemployés. 292 10

» A admettre en liquidation. . . . . 25,941 fr. 87 c.

Quoi de plus formel ?.....

Venir aujourd'hui, en présence de pareils actes, prétendre qu'il n'existe rien de sérieux, rien de régulier, rien de légal quant aux travaux régis par le premier marché, c'est une absurdité qui mérite d'autant moins qu'on s'y arrête, que la décision ministérielle du 12 septembre 1846 a mis le dernier sceau au règlement de ces travaux.

Le décompte comprenant l'exercice de 1840 est du 25 février 1841 ; il est rédigé dans la même forme. Les observations par lesquelles l'architecte l'a terminé sont rapportées à la page 50.

A ces observations et aux renseignements et documents qui accompagnaient le décompte, il faut joindre : la lettre d'envoi du même jour, par laquelle M. Scheult réclamait la présence, sur le chantier, d'un inspecteur (Se reporter à la page 60) ; ainsi que les raisons par lesquelles il appuyait sa demande et celles qu'aurait eues l'administration de l'octroyer, si elle n'eût pas trouvé dans les décomptes et leurs annexes les justifications les plus complètes et les plus satisfaisantes.

Le troisième décompte, relatif à la campagne de 1841, est du 3 mars 1842. Il reproduit les dépenses en matériaux et main-d'œuvre faites en 1840, et présente le total des travaux de toute nature exécutés en fin de l'exercice de 1841.

On y lit :

« Conformément à l'art. 17 du cahier des charges, les retenues du dixième ayant été exercées au décompte de 1840, sur la valeur des travaux, et celle du cinquième sur les travaux en approvisionnement, nous avons cru nécessaire d'en offrir les montants, *afin de mieux faire apprécier la position de l'entrepreneur.* »

Quand on appelle ainsi l'attention de l'administration sur les pièces qu'on lui adresse, c'est qu'on ne redoute ni examen ni vérification de sa part ; et lorsqu'elle n'élève aucune critique contre ces pièces, c'est apparemment qu'elle les trouve aussi régulières en la forme qu'au fond.

Or le décompte de l'exercice du 1841 n'a donné lieu à aucune reprise.

Celui des travaux et approvisionnements faits en 1842 est du 22 mars 1843.

Les explications que M. Scheult y a consignées sont rappelées à la page 60 ; il est inutile de les placer ici. Elles prouvent avec quelle ponctualité procédait l'architecte, et quels soins il mettait à éclairer l'administration sur les diverses dépenses en matériaux, en main-d'œuvre et sur les prix de revient, fixés d'après les bases du marché.

Pour celui de 1843, daté du 12 janvier 1844, se reporter à la page 70. On ajoutera seulement ici que, pour édifier d'autant mieux les bureaux sur l'état des travaux, l'architecte a eu le soin de dire, en tête de son travail, que les travaux exécutés pendant l'exercice comprenaient des travaux en démolition, ainsi que des maçonneries en élévation parvenues jusqu'à une hauteur de 19 m. 20 c. pour les murs et piliers des chapelles, de 27 m. pour les trois derniers piliers de la grande nef, de 7 m. 90 c. pour la partie ouest du transsept.

Le détail des ouvrages est ensuite donné par nature de travaux.

	CLASS.
Prix : { en matériaux.	. . . .
{ main-d'œuvre.	. . . .
Dépenses en dehors du devis.	. . . . . .

. . . . Et le tout est appuyé de renseignements et de documents aussi démonstratifs que justificatifs.

Le dernier des six décomptes est celui en fin de l'exercice de 1844; il est du 8 mars 1845.

Il était, ainsi qu'on l'a déjà expliqué à la page 7, accompagné d'un décompte général de tous les travaux exécutés jusqu'à la fin de l'exercice de 1844.

En adressant ce décompte, l'architecte disait que pour la construction de l'abside (projet approuvé par la lettre ministérielle du 30 juillet 1844, et dont l'exécution était, comme on le sait, proposée à M. Garreau), *l'entrepreneur proposait de changer les prix et les conditions de la soumission du 11 février 1839.*

C'est ici surtout que les faits abondent pour prouver combien ont été discutés les prix, les conditions du nouveau marché, et quelle masse d'éclaircissements le ministre a eus entre les mains pour le conclure.

La deuxième proposition de M. Garreau, quoique seulement datée du 24 juillet 1845, existait lorsque le décompte de l'année 1844 fut envoyé au ministre; comme, si les conditions proposées étaient acceptées, différentes dépenses portées en ce décompte devraient en être rayées, telles que façon de boîte, de chèvres, prix de cordages, etc., puisque l'entrepreneur devrait les garder pour s'en servir dans sa nouvelle entreprise, l'architecte, en vue de cette acceptation, rédigea un nouveau décompte général dans lequel il retrancha pour la valeur de tous ces objets, ainsi que pour approvisionnements, qui devraient, dans le même cas, rester pour le compte de l'entrepreneur, une somme totale de 14,323 fr. 41 c.

En même temps, M. Scheult mit dans une colonne particulière *et à l'encre rouge,* les nouveaux prix acceptés par M. Garreau.

Ne s'agissant ici que du règlement des travaux jusques et y compris 1844, on ne s'occupera point, quant à présent, de ces nouveaux prix.

Le ministre, ainsi qu'on l'a vu à la page 16, ne trouva pas suffisantes pour arrêter le compte jusqu'en fin de 1844, les pièces qui lui avaient été adressées. (Se reporter à la lettre du 15 décembre 1845, page 16, et au nouveau décompte établi par M. Scheult, le 13 mai 1846, indiqué à la même page.)

En adressant, le même jour, ce document au préfet, avec tous les renseignements à l'appui, M. Scheult lui disait :

« Les résultats de ce nouveau décompte, minutieusement vérifiés et détaillés, ont offert en faveur de l'entrepreneur une augmentation de 1655 fr. 25 c. sur le total du primitif décompte ; ce qui résulte de quelques erreurs qui s'étaient glissées dans les premiers calculs et qu'il a été juste de rectifier.

« En suivant à la lettre les éléments d'ouvrages qu'offre le devis approuvé, mon travail serait incomplet ; en conséquence, tout en suivant le même ordre, je suis entré dans tous les développements nécessaires pour bien préciser chaque nature de travail, et je pense qu'avec les *dessins et documents* produits, toute vérification devient facile.

6

» Une difficulté s'est cependant présentée, celle d'offrir les détails si variés des milliers de pierres de toute nature qui ont été employées à l'exécution des travaux, et, pour l'énumération desquelles des volumes seraient devenus nécessaires, sans offrir des moyens de vérification : ce dernier motif m'a conduit à indiquer seulement au décompte le cube général de chaque espèce de pierre, en raison de son emploi, que précise toujours le travail en taille qui a été opéré *et que confirment des dessins portant des numéros correspondant à ceux placés sur le tas, au fur et à mesure de l'exécution des travaux et reproduits sur les cahiers de relevé journaliers, tant linéaires que chiffrés, ce qui offre plus de clarté et tous les moyens nécessaires pour s'assurer de l'exactitude des totaux.*

» *Avec ces divers documents*, tout devient fort clair et démontre les soins minutieux apportés à l'exécution de cette importante construction qui a présenté de grandes difficultés et qui n'offre pas le moindre déchirement, le moindre effort...

» A la fin de chaque exercice, j'ai eu l'honneur de vous adresser un décompte régulièrement établi en vue du travail *et des éléments fournis pendant son exécution*, lesquels, au nombre de six, en fin d'exercice 1844, sont tous réunis dans le grand-*livre compris parmi les pièces à l'appui*. Le premier décompte général ci-joint que j'ai dressé le 20 mars 1845 résultait de ceux annuels prémentionnés et d'un nouvel examen des pièces qui avaient servi à les former. Le nouveau est établi d'après les mêmes pièces, mais avec examen et vérification de chaque partie de travail, conséquemment doit offrir toute l'exactitude qu'il est possible d'obtenir, et son examen, soit sur les lieux, soit avec les seuls dessins, ne me paraît pas présenter de difficultés.

» A ce décompte, monsieur le préfet, j'ai ajouté un tableau qui établit la comparaison entre les prévisions portées au devis original et les résultats obtenus en fin d'exercice 1844 ; toutefois, pour que ce travail soit plus précis, plus complet encore, j'ai indiqué à *l'encre rouge* les résultats qui sont obtenus en fin d'exercice 1845, c'est-à-dire au moment où le transsept est couronné de sa corniche, voûté et garni de ses combles, où les piliers butants n'attendent plus que le pinacle qui en forme l'amortissement...

» Je suis bien satisfait d'avoir à faire constater un semblable résultat, car j'avais une mission de confiance à remplir, et je n'ai rien entrevu au delà, bien persuadé qu'on rendrait justice à mon zèle, et que, dans des travaux sans précédents, entièrement en dehors de ceux habituels et pour lesquels *je n'ai reçu d'autre prescription que celle de bien faire*, je devais avant tout me présenter avec l'approbation d'hommes compétents, telle que j'ai été assez heureux de l'obtenir sur les lieux de MM. les inspecteurs *Grillon et Blouet dans leur dernier passage à Nantes...*

» Je viens vous prier, monsieur le préfet, de vouloir bien obtenir qu'ainsi que vous avez déjà bien voulu le réclamer en ma faveur, il me soit à l'avenir accordé une indemnité annuelle, pour qu'avec l'abandon du tiers de mes honoraires, je puisse toujours avoir un agent comptable sur les travaux, et que je n'aie point à continuer les sacrifices *que j'ai dû m'imposer à ce sujet, et qui ne me laissent guère que l'honneur d'avoir attaché mon nom à l'une des remarquables constructions de France...* (1)»

---

(1) Effectivement M. Seheult payait 1,800 fr. par an deux commis employés l'un à vérifier le temps de main-d'œuvre, l'autre à prendre les attachements.

Or le règlement des six premiers décomptes a été arrêté pour
l'entrepreneur à 292,734   22
Et pour l'architecte à 14,636   71 } 307,370   93

Ce dernier chiffre, réparti sur six années, donne terme moyen.   2,439   45
D'où défalquant.   1,800   »

Restait pour l'architecte qui ne les recevait que tardivement.   639   45

Après cette lettre, l'instruction sur les six décomptes de 1839 à 1844 a encore duré plusieurs mois, et ce n'est que le 12 septembre 1846, ainsi qu'on l'a vu à la page 16, qu'est intervenue la décision ministérielle qui a opéré cette longue liquidation que M. Lassus s'est vainement efforcé d'anéantir.

On pourrait s'arrêter là pour M. Garreau, et se reposer avec confiance sur la justice qui ne peut manquer de lui être rendue.

D'une part, en effet, l'administration n'a pas le pouvoir d'annuler la décision émanée du ministre; si la nullité en était demandée, ce serait à la juridiction compétente à prononcer.

D'autre part, une prétention aussi insolite ne peut être élevée ni accueillie par une administration dont tous les actes doivent être marqués au coin de la loyauté et de la droiture.

La nombreuse série des faits et des actes qui ont précédé, accompagné et suivi la décision ministérielle du 12 septembre 1846, prouve au reste jusqu'à l'évidence qu'elle a été prise en parfaite connaissance de cause et que l'allégation, qu'elle serait le fruit de la surprise, est une odieuse calomnie.

Enfin, cette décision est aussi légale en droit que juste en fait, et c'est faire injure au ministre que de lui en proposer la nullité.

Sur quels pitoyables motifs M. Lassus a échafaudé cette chimérique nullité!

On les a fait connaître dans l'analyse de sa longue diatribe. (Se reporter aux pages 23, 24, 25, 28, 32, 33, 34 et 35.)

On a présenté en même temps le résumé des réponses de M. Seheult. (p. 35, 36, 37, 38.)

Qu'est-il resté de ses accusations si véhémentes, formulées dans un langage si acerbe?

Que M. Lassus n'a pas trouvé régulière la forme des attachements d'après lesquels ont été établis les prix de main-d'œuvre.......

Mais pendant neuf ans, l'administration les a acceptés.

Pendant neuf ans, l'entrepreneur, l'architecte et l'administration ont entendu, à cet égard, la convention de la même manière.

Plus de deux ans et demi avant la révolution qui a jeté M. Lassus dans l'affaire, le ministre avait réglé et fait solder tous les travaux exécutés à la cathédrale de Nantes de 1839 à 1844.

De quel droit M. Lassus s'arme-t-il donc pour saper tout ce qui était consommé lorsqu'il a reçu, en avril et en juin 1848, au milieu du bouleversement général et du désordre qui régnaient dans tous les services par suite de leur désorganisation, la mission de visiter les travaux de la cathédrale de Nantes, et d'établir la position de l'entrepreneur vis-à-vis de l'administration?

Pour un homme juste, animé d'intentions droites et pures, qui n'aurait cherché que la vérité, cette position ne résultait-elle pas, quant au passé, de la décision du 12 septembre 1846, et pour l'avenir, de celles des 30 juillet 1844 et 23 octobre 1845 ?

Il était donc facile de la préciser.

Le ministre que les événements venaient de placer à la tête du ministère de l'instruction publique et des cultes, n'avait pas demandé la révision des actes de ses prédécesseurs.

Il avait voulu être éclairé sur l'importance des travaux restant à exécuter en vertu des marchés existants et sur la mesure des engagements de l'État envers l'entrepreneur, mais il n'était certes pas entré dans sa pensée de livrer à de nouvelles vérifications des comptes arrêtés et soldés depuis longtemps.

Aussi M. Lassus a-t-il, à dessein, outre-passé ses pouvoirs en s'érigeant, contre le texte, contre l'esprit de son mandat, en censeur et en censeur passionné d'actes qui échappaient à son contrôle.

Il a pu avoir ses raisons pour présenter, sous les couleurs les plus défavorables, un architecte estimable, d'un talent éprouvé, que rehausse une grande modestie ; mais l'opinion publique a déjà prononcé ur des reproches immérités, aussi inconvenants dans la forme qu'injustes au fond.

Le rapporteur a parlé d'exagérations commises *sciemment*, de faussetés, et on a prouvé à cet homme si tranchant en lui faisant grâce du mot *sciemment*, qu'aveuglé par des préoccupations injustifiables, il n'avait fait que marcher d'erreurs en erreurs.

Comment supposer de bonne foi que le ministre des cultes eût admis et approuvé des comptes erronés à ce point qu'il aurait suffi de les lire pour être frappé des erreurs monstrueuses dont ils auraient été remplis ?

Puisque M. Lassus et ses collaborateurs ont découvert si facilement ce que les comptes auraient renfermé d'exorbitant, comment donc ne s'en est-on pas ému plus tôt !

Y a-t-il eu de la part de l'architecte dissimulation, réticence, tromperie.....?

Les pièces, les renseignements, les rapports et les observations qui ont accompagné chaque décompte, la correspondance échangée entre le ministère, le préfet et M. Scheult, témoignent au contraire d'une loyauté et d'une franchise qui écartent jusqu'au moindre soupçon injurieux pour cet architecte.

L'administration peut-elle être accusée d'avoir été négligente ?

La lettre du 15 septembre 1841 (page 4) témoigne de sa vigilance, et tout ce qui a précédé la décision ministérielle du 12 septembre 1846 démontre avec quelle sollicitude les intérêts de l'État ont été stipulés.

Il faut le reconnaître, M. Lassus a voulu donner à sa mission, et lui a donné en effet une extension qu'elle ne comportait assurément pas ; il s'est cru, à l'instar des commissaires de la même époque, investi de pouvoirs sans limites et autorisé à accumuler, aux dépens de la vérité, tout ce qui pouvait favoriser le système d'attaque par lui organisé contre l'architecte et l'entrepreneur de la cathédrale de Nantes.

On reste stupéfait en présence de la témérité avec laquelle il a poursuivi la perte de l'un et la ruine de l'autre.

Pendant dix ans l'administration a apprécié le zèle et la probité de ces deux hommes, pendant dix ans elle leur a accordé sa confiance; pendant dix ans, toutes les autorités du pays, les membres de la représentation, le préfet, l'évêque, le maire, etc., ont encouragé leurs efforts pour achever l'un des plus beaux édifices de la France chrétienne. Sous la monarchie comme sous la république les mêmes témoignages d'estime et de gratitude leur ont été donnés, et sous de vains prétextes M. Lassus, obligé peut-être, à cause de ce qui lui était arrivé à Nantes (1), à plus de réserve qu'aucun autre, a profité, a abusé d'un mandat obtenu dans des jours malheureux, pour tout dénaturer, pour tout incriminer dans les faits accomplis, et pour briser l'avenir d'hommes honorables qui n'avaient d'autre tort que de e trouver sur son chemin que de faire obstacle à ses projets.

A qui donc persuadera-t-il que les ministres de la justice et des cultes, que les chefs de l'administration et les préfets, qui ont été aux affaires depuis 1839 jusqu'en 1848, aient été assez oublieux de leurs devoirs pour tolérer des abus qui, si M. Lassus avait dit vrai, auraient été palpables et criants (2).

Qu'on se rappelle les préliminaires tant des deux marchés que du règlement du 12 septembre 1846..... Y a-t-il eu assez de précautions prises, assez de discussions, d'explications, de détails et de renseignements fournis?

Et l'on a osé parler de surprise! n'est-ce pas insulter à la raison, au bon sens?

Accuser l'architecte d'avoir enflé les prix, d'avoir alloué des dépenses non dues, d'avoir supposé des pièces, des attachements, des documents qui n'auraient pas existé, c'est accuser l'administration, le conseil des bâtiments civils qui ont tout approuvé. c'est faire le procès à leurs actes, c'est attaquer des décisions qui ont pour elles la double sanction de l'autorité et de la légalité, c'est outrager audacieusement la vérité.

Est-ce que M. Lassus a jamais eu un pareil mandat? est-ce que le ministre, est-ce que le directeur des cultes de 1848, qui ne voulaient que s'éclairer, ont entendu livrer à sa critique envieuse et malveillante des opérations réglées par leurs

---

(1) M. Lassus dirigeait comme architecte la construction d'une église nouvelle à Nantes, en remplacement de l'ancienne église de Saint-Nicolas. L'abside achevée, toutes les colonnes se sont écrasées et ont dû être refaites en pierres de granit. Des parties de colonnes se sont détachées des piliers qu'elles cantonnaient. Les retombées des nervures ont dû être démolies et reprises. De là des étayements et des frais considérables, des inquiétudes pour l'avenir. Et l'ensemble estimatif de la dépense presque entièrement employé avant que la moitié de l'église soit exécutée.

(2) Plus de 283,000 fr. alloués en trop sur 674,000! Y-t-il là la moindre vraisemblance?

prédécesseurs depuis plusieurs années.....? Le soutenir, ce serait faire injure à leur caractère. Les révolutions emportent les administrateurs, mais l'administration reste; elle se continue et elle prend les choses dans l'état où elles se trouvent. Les faits consommés, les droits acquis, sont sacrés pour elle.

Voilà pour le droit.

En fait : sur quoi reposent les reproches adressés aux six décomptes de 1839 à 1844?

Ces décomptes sont jugés et soldés. M. Garreau pourrait se dispenser de suivre M. Lassus dans la censure qu'il en a faite.

Toutefois, surabondamment, sans principe d'obligation et en maintenant son droit, il fera en peu de mots connaître l'exactitude des rapports et la bonne foi du rapporteur.

1° Ce dernier a parlé des *déblais* comme ayant été comptés à 73 centimes le mètre cube au lieu de 59 centimes, prix indiqué au marché.

S'il avait pris la peine de lire le premier décompte, celui de l'exercice de 1835, il y aurait trouvé cette différence signalée et expliquée par M. Seheult.

La demande de l'entrepreneur était ainsi conçue :

« Pour augmentation de travail dans les déblais occasionnée par les nombreuses et anciennes substructions qui sillonnaient en toute direction les terrains excavés. »

Et l'architecte avait soumis au ministre les observations suivantes :

« Les substructions ont nécessité l'emploi de la mine et occasionné évidemment à l'entrepreneur un surcroît de dépense qui n'a pu être compensé par les moellons obtenus. La réclamation, bien que tardive (1), n'est donc pas sans quelque fondement et ne porte pas un caractère d'exagération qui la puisse faire rejeter. Cependant son enregistrement ne pourra être considéré que comme mémoire, et toutes réserves sont faites relativement à son admission dans le décompte définitif. »

Le décompte définitif a reproduit le chiffre de 73 centimes, et ce chiffre a définitivement été admis.

Est-il manifeste qu'il l'a été justement et en parfaite connaissance de cause?

La réponse se présente d'elle-même.

Il y a plus, l'entrepreneur s'est trouvé en perte même avec l'allocation de 73 centimes, et dans le nouveau marché il a réclamé 93 centimes que le ministre, après bien des débats, a fini par lui accorder.

2° Les remblais ont été portés dans tous les décomptes à 59 centimes.... M. Lassus les réduit à 37 centimes; ils n'avaient pas été prévus dans le marché, ainsi le prix n'en était pas fixé.

Au moment où ce travail s'exécutait, le ministre de l'intérieur payait un travail semblable sur les ponts de Nantes plus de 1 fr.

_____

(1) Elle avait lieu après l'exécution du travail.

L'architecte de la cathédrale commettait-il donc une exagération en allouant 59 centimes, chiffre qu'il avait ainsi justifié dans sa colonne d'observation de décompte de l'exercice de 1840 :

« Les remblais d'une valeur peu importante avaient été omis au devis, et nous n'en avons fixé le prix qu'à 59 centimes le mètre, vu qu'ils ont été exécutés avec des déblais et qu'ils n'ont ainsi occasionné que les dépenses du transport et du regalement. »

L'architecte oubliait de parler du piochage et du chargement; aussi l'entrepreneur s'est-il trouvé préjudicié, et a-t-il réclamé dans le nouveau marché une augmentation de prix qui a été admise.

3° Les maçonneries en fondation figuraient dans la soumission à raison de 7 fr. 54 centimes le mètre cube. Ce chiffre a été maintenu dans les décomptes, mais voici ce qu'on lit dans le décompte fin de 1840 :

« L'examen de la majeure partie des anciennes substructions qu'il a fallu démolir ayant fait connaître que le mortier de pouzzolane était d'un emploi indispensable sous tous les points d'appui principaux, pour prévenir des déchirements dans les maçonneries en élévation, il a fallu céder à cette exigence d'autant plus impérieuse, qu'il s'agit de raccorder de nouvelles constructions avec les anciennes; la différence des prix a été établie contradictoirement avec l'entrepreneur en conformité du prix approuvé le 2 mai 1839 par M. le Directeur général des ponts et chaussées pour tous les travaux qui s'exécutent en ce moment à Nantes sous la direction de MM. les ingénieurs; mais il est constant, d'après les épreuves faites en présence de l'architecte, que toutes les maçonneries en fondation, soit en mortier de pouzzolane, soit en mortier ordinaire, offrent à l'entrepreneur une perte de plus de 2 fr. par mètre. Cependant, comme les prix de ces dernières (les maçonneries en mortier ordinaire) ont été déterminés, l'entrepreneur a dû se résoudre au maintien du sacrifice. »

4° De gros libages non prévus au devis ont été introduits dans les fondations pour liaisonnement des intersections de murs et des assises en retraite. Il en est résulté une deuxième cause d'augmentation.

Voici ce que contient à cet égard le décompte :

« L'emploi de ces gros libages résulte de celui qui en a été fait dans les anciennes fondations démolies et qui ont donné la preuve des précieux avantages qu'ils viennent offrir à la solidité en donnant des liaisonnements que des moellons ordinaires ne peuvent procurer dans de semblables maçonneries. »

5° Des dalles schisteuses ayant été employées dans les fondations pour placer sous les piliers des points d'appui de grande résistance non susceptibles d'écartement, ce surcroît de dépense non prévue a été indiqué et justifié de la manière suivante dans le même décompte :

« 570 Palatres ou dalles en schiste. . . . ont été employées dans les fondations en liaisonnement des maçonneries sous les piliers isolés et correspondants formant les têtes des murs des chapelles ainsi que pour le tracé des élégissements.

« Ces dalles schisteuses ont également servi à établir quelques retraites et des harpes dans quelques parties des murs; dans l'ancienne construction, tous les élégissements ont été établis sur des dallages en granit, mais ceux en schiste, moins coûteux, ont paru bien suffisants et ont été adoptés. »

Toutes ces dépenses réunies ont élevé le prix des maçonneries en fondation de 7 fr. 54 cent. à 11 fr. pour celles en mortier ordinaire, et à 13 fr. 60 cent. pour celles en mortier de pouzzolane.

Dès 1840 le ministre avait sous les yeux tous les éléments de cette augmentation, et il l'a approuvée dans le règlement du 12 septembre 1846.

Cependant M. Lassus réduit toutes les maçonneries en fondation à 7 fr. 54 cent.... Son travail n'est-il pas jugé par de semblables exemples?

6° Maçonnerie en élévation.

Le marché fixait les divers prix de matériaux et les prix de journées, mais il n'avait pu fixer les quantités des uns et des autres; les décomptes ont établi chaque année les prix de revient d'après le métré d'une part, et la main-d'œuvre de l'autre. Le premier décompte dans lequel figurent des maçonneries en élévation est celui de l'exercice de 1840, daté du 25 février 1841; il établit les quantités de matériaux et le temps de main-d'œuvre d'après des relevés et des attachements pris contradictoirement entre l'architecte et l'entrepreneur. Voici ce qu'on y lit :

« Les quantités déterminées pour chacun des éléments qui composent les maçonneries, résultent d'expériences faites contradictoirement entre l'architecte et l'entrepreneur sur des cubes pris peut-être dans des dimensions trop restreintes; aussi les présents résultats ne doivent être considérés que comme approximatifs, jusqu'à ce que, dans la campagne prochaine, de nouveaux examens, établis sur une plus grande échelle, les maintiennent ou les rectifient pour obtenir la valeur positive du mètre cube de chaque nature de maçonnerie.

» Les différentes maçonneries en élévation sont indiquées sur le plan ci-joint....., les cotes rouges indiquent leur hauteur.

» La maçonnerie au centre des piliers exige plus de temps pour son confectionnement, et doit aussi occasionner une augmentation dans le déchet des matériaux, ce qui devra être observé lors de la reprise des travaux.

» L'évaluation du montage des matériaux résulte de moyennes prises à des jours différents, mais il y aura nécessité d'établir une nouvelle série d'observations en opérant sur le travail par journées. »

L'architecte avait eu le soin de faire travailler *devant lui* les hommes les plus capables, et il avait tenu note exacte du temps par eux employé à chaque nature d'ouvrage.

Il s'était rendu compte des difficultés plus grandes pour certains travaux que pour d'autres.

Il contrôlait de la sorte le temps indiqué par les rôles de journées qui étaient tenus régulièrement par ses employés, et il fixait les prix sur le revient de la main-d'œuvre.

Ces rôles étaient dressés pour chaque espèce de travail.

Les uns s'appliquaient aux journées passées aux piliers de façades en granit, les autres aux journées passées aux voûtes, d'autres à la pierre de taille, d'autres au sciage, d'autres aux moulures, etc., etc.

Un commis spécial, M. Cormerais, était chargé de s'assurer plusieurs fois par jour de la présence, du nombre des ouvriers, et de l'emploi de chacun d'eux.

Un autre commis, M. l'Hotellier, avait la mission de comparer les états journaliers avec ceux que l'entrepreneur tenait de son côté aussi chaque jour, et de cuber les travaux exécutés.

Indépendamment de ces précautions l'architecte faisait relever très-souvent, par un troisième commis de ses bureaux, sur les livres de l'entrepreneur, l'état des dépenses tant en matériaux qu'en main-d'œuvre, et il mettait ce relevé en regard de ses rôles, d'une part, de ses attachements de l'autre, pour pouvoir opérer avec toute certitude dans la fixation des prix à déterminer.

Aussi les prix ont-ils varié de décompte en décompte suivant la hauteur qu'atteignaient les travaux.

Il n'en pouvait pas être autrement, car il en coûte plus parce qu'il faut plus de temps, plus d'échafaudages et d'engins pour monter une pierre à 30 mètres qu'à 10.

Comme l'administration avait affaire à des hommes consciencieux, le résultat des expériences de chaque année était présenté avec la plus grande clarté.

C'est ainsi que le troisième décompte, celui fin de l'exercice de 1841, qui porte la date du 3 mars 1842, énonce des résultats accompagnés des observations suivantes :

« Les estimations données à la main-d'œuvre résultent d'attachements partiels pris à diverses époques pendant les travaux, et comparés dans leur ensemble avec la dépense réelle résultant du contrôle général des journées établi avec soin sous la surveillance spéciale d'un employé de l'architecte, et auquel il a été fait application des prix de journées que l'entrepreneur a payés, et dont le plus grand nombre se trouve inférieur à ceux stipulés au nouveau cahier des charges (cahier des charges du 29 juillet 1839) ; il est résulté de ce travail qu'au temps précis constaté pour chaque nature d'ouvrage il a fallu ajouter près d'un cinquième pour obtenir parité avec le temps général, et déterminer ainsi les instants dont l'emploi n'a pu être parfaitement précisé, bien qu'il ait été entièrement employé au confectionnement des travaux, de nouvelles observations doivent donc encore être faites avant d'établir avec certitude le prix de revient par chaque nature d'ouvrage. »

Cette certitude étant acquise en 1844, après six années d'expériences, le décompte général de tous les travaux exécutés jusqu'alors a offert les prix moyens de chaque nature d'ouvrages en fournitures et main-d'œuvre, bénéfices compris.

On lit dans ce travail à la colonne des observations :

« Les valeurs des travaux exécutés ont été établies d'après les éléments fournis aux divers

7

décomptes annuels, c'est-à-dire avec les bénéfices alloués à l'entrepreneur, toutes réductions opérées afin d'offrir toute l'identité possible entre les documents relatifs au transsept septentrional et ceux concernant l'abside. »

On sait que ce décompte a servi tout à la fois de base au règlement du passé, et à la fixation du prix du nouveau marché.

La maçonnerie en élévation y est portée à 18 fr. 87 cent. du mètre cube en moyenne de 15 mètres de hauteur (1) ; les travaux dépassaient alors 30 mètres.

Eh bien, c'est pour des travaux aussi élevés que M. Lassus n'alloue moyennement que 11 fr. du mètre, c'est-à-dire ce qu'on accorde généralement pour les travaux les plus ordinaires, et c'est là-dessus que portent ses plus grandes réductions.

11 fr. du mètre cube pour des travaux exécutés en moellon de choix, entremêlés de dalles schisteuses, et poussés jusqu'à 34 mètres de hauteur : n'est-ce pas une dérision ?

A la même époque, dans la même ville, d'autres constructeurs recevaient pour les travaux d'une tour dépendant d'une fabrique de plomb à giboyer plus de 23 fr. du mètre cube, et il s'agissait de travaux sans comparaison possible, pour les difficultés de toute nature, avec les travaux de la cathédrale.....

Les prix de M. Lassus sont d'autant moins raisonnés qu'il alloue plus de main-d'œuvre pour des pierres tendres que pour des pierres dures : 17 fr. 61 cent., par exemple, pour le tuf, et 15 fr. seulement pour la pierre de crazanne, l'une et l'autre d'échantillon : la dernière dans les parties isolées et d'exécution difficile.

C'est avec une pareille façon d'agir que M. Lassus est arrivé à des réductions qui, par leur énormité même, constituent contre l'architecte une abominable calomnie.

6° Fourniture de gros fer cylindrique employé pour maintenir l'écartement des murs de l'édifice.

Comme le poids des maçonneries à soutenir était énorme, l'architecte, avant d'employer les fers, avait eu la précaution de leur faire subir une traction de 15 kilog. par millimètre de grosseur.

Ils étaient peints en couleur galvanique pour en empêcher l'oxydage qui aurait fait éclater les pierres dans lesquelles ils étaient placés.

Il s'agissait là d'un article non prévu au devis.

Il a été porté dans les décomptes à raison de 1 fr. 11 c. le kilog., et il a été admis pour ce chiffre.

M. Lassus le réduit arbitrairement à 89 c., c'est-à-dire au prix du fer carré ordinaire qui ne subit aucune traction.

Il n'est pas un seul architecte qui ne fît justice d'une semblable erreur.

---

(1) Tout vide et cube de pierres de taille déduits.

7° Recouvrement des basses voûtes pour les préserver pendant l'hiver de toute détérioration.

Il était impossible de laisser des travaux de la nature de ceux exécutés à la cathédrale, exposés à l'intempérie des saisons, à moins de courir le risque de n'avoir que des ruines quand il faudrait les reprendre.

L'architecte les a fait couvrir et M. Lassus supprime en bloc, et sans donner une seule raison, les frais de cette conservation.

Il suffit de citer une semblable suppression pour la faire apprécier.

8° *Echafaudages.* D'après le cahier des charges du premier marché les prix de chaque nature essence de bois de charpente nécessaire tant aux échafaudages qu'à la construction étaient fixés.

Voici comment s'expliquait à cet égard le cahier des charges.

« La valeur des échafaudages, cintres, chèvres, engins, cordages, etc., comprendra d'abord *l'achat des bois* et leur transport à l'atelier, puis *le prix de main-d'œuvre calculé en raison du temps passé par les ouvriers.....* »

Ainsi au prix du bois il fallait ajouter la main-d'œuvre.

Dans chaque décompte particulier comme dans le décompte général, on a fait figurer l'un et l'autre d'après les prix déterminés quant aux fournitures et d'après les attachements quant à la façon.

Que fait M. Lassus?

Il supprime *sans motifs* une forte partie des fournitures entrées tant dans les échafaudages que dans toutes les parties de l'édifice, réduit le surplus à un prix inférieur à celui d'achat, laissant ainsi toute la main-d'œuvre de côté, et constitue sur ce seul article l'entrepreneur en perte de plus de 26,000 fr.....

L'administration pourrait-elle commettre une telle iniquité?

M. Garreau avait pour lui sa soumission, le cahier des charges, ses factures d'achats, les attachements pris contradictoirement par l'architecte et par lui; il a dû réclamer et le ministre a dû lui allouer des dépenses dont la légitimité ne pouvait pas lui être contestée...

Que valent en présence d'aussi puissantes raisons les réductions inconsidérées de M. Lassus ?

9° *Dépenses éventuelles et accessoires.* Il était de toute impossibilité qu'il n'y eût pas des dépenses imprévues dans des travaux aussi compliqués.

Au lieu de les ajouter au pied de chaque nature d'ouvrage l'architecte avait eu le soin de leur faire dans chaque décompte un chapitre spécial dans lequel étaient indiquées et expliquées toutes les dépenses qui n'avaient pu être prévues.

L'administration a tellement épluché ce chapitre qu'elle en a retranché, ainsi qu'on l'a vu, 14,002 fr. 65 cent.

Eh bien, M. Lassus a tenu à trouver l'administration en défaut et il a porté les réductions à plus de 20,000 fr.

Pourquoi? il ne s'est pas donné la peine de le dire. Il s'est contenté de biffer certains articles et de changer les chiffres pour d'autres.

Voilà comment l'administration a été jugée par M. Lassus... Voilà le respect qu'il a eu pour ses actes, pour ses réglements, pour ses décisions!...

On ne suivra pas plus loin le rapporteur dans ses critiques. Les exemples qui précèdent prouvent les cas qu'il faut faire de son rapport. C'est une œuvre de passion, indigne de la moindre confiance et que l'administration doit rejeter et blâmer.

Si M. Garreau est entré dans ces détails, ce n'est pas qu'ils fussent nécessaires pour établir son droit. Les décisions ministérielles qui ont réglé ses comptes jusqu'en fin de 1844 l'abritent contre toute attaque qui tendrait à rouvrir une discussion rétrospective à cet égard : il a en sa faveur des actes irréfragables; il a prouvé la légitimité, la moralité et la légalité de ces actes. Sur la première question posée dans ce mémoire il se repose donc avec confiance sur la solution que doit inévitablement et obligatoirement lui donner le ministre.

DEUXIÈME QUESTION.

Est-ce d'après les prix de la soumission du 11 février 1839, ou d'après ceux écrits à l'encre rouge dans l'une des colonnes du décompte général en fin de l'exercice 1844, conformément à la soumission du 24 juillet, à l'approbation ministérielle du 23 octobre 1845 et à l'acceptation définitive du 31 du même mois, que doivent être réglés les travaux exécutés dans les campagnes de 1845, 1846, 1847 et 1848?

Avoir démontré que la décision ministérielle du 12 septembre 1846, réglementaire des comptes de 1839 à 1844, est aussi inattaquable au point de vue de la légalité qu'elle est exacte dans ses éléments comme dans ses résultats, c'est avoir par cela même justifié, en droit et en fait, le nouveau marché.

Pourquoi en effet la convention nouvelle devrait-elle être considérée comme nulle, d'après le rapport de M. Lassus?

Parce que les prix résultant du premier décompte lui ont servi de base, et que ces prix reposant sur des états mensuels irrégulièrement tenus et établis, inexacts, erronés, faux et incomplets dans leurs énonciations, ils ne peuvent être admis comme résultats d'expériences réelles et probantes.

C'est toujours, comme on le voit, la même raison appliquée à tous les actes de l'administration.

Les faits qui entourent la décision ministérielle du 12 septembre 1846, et la démonstration de tous les vices de raisonnement et d'appréciation du rapporteur, ayant, quant à cet acte important, détruit complétement son rapport, et les mêmes faits appuyés de beaucoup d'autres abritant également la décision approbative du nouveau marché, en date du 23 octobre 1845, on peut dire que la solution de la première question résout forcément la deuxième.

Cependant, pour ne rien laisser à désirer, il peut n'être pas inutile de récapituler succinctement les préliminaires et les éléments de ce nouveau traité, sans revenir toutefois sur la forme des attachements, sur le reproche de les avoir fait prendre par un proposé spécial de l'administration, comme si l'architecte n'avait pas, dès l'abord, insisté pour obtenir un inspecteur, et comme s'il était possible de lui faire un crime du refus de l'administration d'accéder à cette demande, sans revenir pareillement sur l'absence d'un registre relié, sur les accusations de tromperies... de surprise... et autres gentillesses à la façon de MM. Lassus, Leblond et dont tous les documents existants, ainsi que les explications qui précèdent, font une si éclatante justice.

Les nouveaux prix déterminés pour les travaux postérieurs à 1844 n'ont pas été improvisés.

Longtemps avant qu'il fût question de l'abside de la cathédrale, l'architecte avait transmis à l'administration les observations de l'entrepreneur sur le préjudice, qu'il éprouvait d'après le chiffre de ses dépenses, de l'application des bases écrites dans sa soumission du 11 février 1839. (Se reporter au décompte de l'exercice de 1840, remis le 25 février 1841, rappelé page 5 et au décompte de la campagne de 1842, remis le 22 mars 1843, énoncé page 6).

Lorsqu'il fut question de la construction de l'abside, il était tout naturel que l'entrepreneur ne voulût pas continuer de travailler à des prix qu'il n'avait acceptés une première fois qu'avec de grandes hésitations et qu'il avait signalés comme le constituant en perte, dès qu'il avait pu se rendre compte à lui-même des dépenses occasionnées par des travaux sortant de la classe ordinaire et qui étaient sans précédents dans le pays; aussi refusa-t-il formellement de se charger de la nouvelle entreprise aux mêmes conditions.

Il serait superflu de rappeler ici le refus de M. Garreau d'accepter le devis qui avait été rédigé à la date du 19 janvier 1843 pour les travaux de l'abside, et l'offre qu'il fit de résilier le premier marché pour que l'administration pût traiter de l'ensemble des travaux restant à faire tant d'après le projet primitif que d'après le second. Ces faits sont exposés à la page 8; on s'y réfère.

L'administration elle-même comprenait si bien qu'il y avait un traité particulier à faire pour l'abside, qu'en donnant avis à l'architecte de l'adoption par le conseil des bâtiments civils du projet que le ministre avait soumis à ce conseil, M. le préfet, par sa lettre du 29 septembre 1843, questionnait M. Seheult sur le point de savoir si les nouveaux travaux devaient être confiés à M. Garreau ou mis en adjudication. — Les rapports faits et les lettres écrites à ce sujet sont dans les bureaux du ministère. L'administration et ses agents peuvent les consulter.

Ce qui était arrivé lors des deux tentatives faites pour mettre les travaux du transsept en adjudication, se serait certainement reproduit si l'administration avait voulu tenter une nouvelle épreuve. Quoique éclairé par les expériences et par les rapports du préfet, le ministre voulut cependant étudier la question, et il s'entoura de tous les renseignements propres à former son jugement.

On ne reviendra pas sur la lettre du préfet, du 7 février 1844, accompagnant les documents demandés, ni sur celle ministérielle, du 30 juillet 1844, annonçant l'adoption, par le conseil des bâtiments civils, des propositions de M. Garreau, sauf les articles sur lesquels on s'est mis d'accord plus tard; ni sur celle du préfet à M. Seheult, du 17 août 1844; ni sur celle de M. Seheult, du 20 février 1845; ni sur le cahier de sous-détails, du 20 mars 1845, ni sur la table de prix jointe à ce cahier et datée du 1er avril; pièces qui, par le visa du ministre et leur annexe tant à la soumission du 24 juillet qu'à la décision ministérielle du 23 octobre 1845, font partie de la nouvelle convention telle qu'elle a été enregistrée.

Il suffit de se reporter à la discussion qui a précédé cette décision pour faire apprécier les reproches de fausseté que dans leur urbanité M. Lassus et ses vérificateurs ont tant de fois jetés à la tête de l'honorable architecte des travaux de la cathédrale de Nantes.

Un document précieux et sur lequel on ne peut trop insister, c'est la lettre du 20 mars 1845. On n'a pas oublié qu'elle accompagnait :

1° Le décompte développé de l'exercice de 1844;

2° Le décompte général de tous les travaux exécutés jusqu'à la même époque contenant deux colonnes de chiffres écrits, l'une à l'encre noire et l'autre à l'encre rouge, colonnes ainsi intitulées :

PRIX MOYENS DES TRAVAUX	
EXÉCUTÉS (Prix à l'encre noire).	A EXÉCUTER POUR L'ABSIDE (Prix écrits à l'encre rouge).

3° Des vues daguerréotypées présentant l'aspect des travaux au point où ils étaient parvenus;

4° La soumission nouvelle de M. Garreau alors remise, quoiqu'elle ait été datée du 24 juillet suivant ;

5° Le nouveau cahier de sous-détails, la table de prix et de nombreux développements tant sur les travaux à faire à nouveau que sur le résultat des expériences acquises.

En lisant cette lettre on se demande comment le mot *surprise* a pu être employé dans un rapport destiné à l'administration. Il faut que l'envie de nuire rende
bien aveugle.

A cette lettre du 20 mars 1845 et à tous les documents qu'elle accompagnait,
qu'elle commentait et qu'elle expliquait, il faut joindre celle non moins importante que le ministre a écrite au préfet le 11 juillet de la même année, où tous
les articles de la nouvelle soumission sont passés en revue et discutés l'un après
l'autre, et dans laquelle le ministre dit : « *Qu'il a examiné attentivement cette*
« *soumission, qu'il a consulté sur les conditions qu'elle renferme le conseil*
» *des bâtiments civils, qui l'a jugée comme lui susceptible d'être adoptée,* » sauf
les modifications qu'il indique.

La dernière partie surtout prouve que le ministre a eu toutes les pièces sous
les yeux, car il y dit : « Je vous prie, monsieur le préfet, d'inviter le sieur Garreau
» à modifier, dans le sens de ces observations, la soumission qu'il a présentée et
» que je vous renvoie ci-jointe *avec les autres pièces de l'affaire* pour être égale-
» ment rectifiées par l'architecte, suivant les indications précédentes. »

Quoi ! le ministre a *examiné* ATTENTIVEMENT, il a eu toutes les pièces sous les
yeux, il a écrit les lettres si détaillées du 30 juillet 1844 et du 11 juillet 1845...,
et il s'est trouvé un homme à qui l'administration a demandé la vérité, et qui a
eu le triste courage de présenter comme ayant été trompé, comme ayant signé
par faiblesse, par erreur, le ministre qui a pris tant de précautions pour s'éclairer !
Que penser de cet homme ?

Voilà les préliminaires de la convention qui a reçu la sanction ministérielle
le 23 octobre 1845.

Ce n'est pas encore tout : des modifications étaient demandées par le ministre
à certaines propositions de l'entrepreneur. Deux points étaient en discussion ;
M. Garreau accède sur l'un et insiste sur l'autre ; le 3 septembre 1845, l'architecte renvoie de nouveau au préfet la soumission *telle qu'il a pu la faire*
modifier.

Nouvelle correspondance entre le ministre et le préfet, entre le préfet et
l'architecte ; nouvelle tentative auprès de l'entrepreneur (1) ; finalement, admission
d'une seule des modifications demandées ; par suite approbation ministérielle
dans les termes cités pages 14 et 15, et le ministre attache une telle importance

_____

(1) M. Garreau a obtenu la copie d'une des lettres du préfet d'alors, M. Chaper, aujour-
d'hui membre de l'Assemblée législative, écrite dans le même temps et sur le même sujet ;

à l'acte qu'il vient de souscrire, que le même jour il en donne avis à l'évêque et au préfet avec des instructions en vertu desquelles ce magistrat accepte définitivement, le 31 octobre, la soumission modifiée de l'entrepreneur, et imprime le dernier sceau au nouveau marché.

Voilà la conclusion.

Maintenant l'exécution.....?

La lettre ministérielle du 15 décembre 1845, citée à la page 15, prouve combien elle a été spontanée de la part de l'administration.

---

elle se lie si étroitement à la conclusion du second marché, qu'elle doit trouver sa place parmi les actes de la longue négociation qu'a terminée la décision ministérielle du 23 octobre 1845.

Le 8 novembre 1845.

Monsieur le Ministre,

J'ai communiqué à M. l'architecte du département votre décision du 11 juillet dernier, relativement au projet de construction de l'abside de la cathédrale de Nantes.

Je m'empresse d'avoir l'honneur de vous renvoyer tout le dossier de cette affaire avec un rapport de M. Seheult, une lettre de Mgr. l'Évêque du 4 courant et une soumission de l'entrepreneur, le sieur Garreau.

Cet entrepreneur, ainsi que vous le verrez, M. le Ministre, a modifié sa soumission conformément à vos instructions, sauf toutefois en ce qui concerne le 15° de faux frais *alloués* sur le *cahier des sous détails*, 15° dont il persiste à solliciter le maintien indépendamment du 20° que vous êtes disposé à lui accorder pour les ouvrages de maçonnerie et de charpenterie.

D'accord avec M. l'architecte du département, je viens vous prier de faire droit à cette demande qui me semble parfaitement fondée ; les observations de M. l'architecte à ce sujet sont *rigoureusement* exactes. Tous les sous-détails contenus dans les analogues de prix des projets de MM. les ingénieurs des ponts et chaussées contiennent l'addition de 15 o/o sur la totalité de chaque sous-détail, et non pas, comme M. l'architecte l'a mis dans son cahier, sur main-d'œuvre seulement.

Ainsi, pour citer un exemple, M. l'architecte du département alloue, pour l'art. n° 13 des sous-détails, une somme de 1 fr. 25 c. pour faux frais, plus 9 fr. 55 pour bénéfice, en tout 10 fr. 80 c., tandis que MM. les ingénieurs des ponts et chaussées alloueraient pour le même article 14 fr. 13 c., différence 3 fr. 33 c.

J'ai examiné *moi-même*, sous ce point de vue, les sous-détails dressés par MM. les ingénieurs :

1° Pour la restauration des ponts de Nantes, adjug   près trois adjudications sans résultats, malgré les 0 fr. 15 c. alloués à 7 2/3 d'augmentation.

2° Pour la reconstruction du pont Rousseau, à Nantes.

3° Pour les travaux d'amélioration du port de Nantes, montant à 1,300,000 fr.

4° Enfin, pour l'entretien du port de Nantes.

La bienveillance avec laquelle vous avez toujours accueilli toutes les propositions qui ont eu pour but la continuation de notre cathédrale, me fait espérer que vous voudrez bien accueillir favorablement la soumission du sieur Garreau, qui, en dernière analyse, me paraît équitablement rédigée de manière à garantir tous les intérêts.

{. « Aux termes du septième paragraphe de l'article 5 de la nouvelle soumission, dit le ministre au préfet, il doit être procédé à la réception et au règlement des travaux exécutés sur la première partie de l'entreprise, à la date de la décision précitée du 23 octobre... »

Et le ministre demande les pièces nécessaires pour procéder à cette réception et à ce règlement.

Ici se reproduit la lettre ministérielle du 29 juin 1846, relative aux deux nouvelles arcades à établir au pourtour du sanctuaire (page 17).

Que dit, dans cette lettre, le ministre du marché passé pour l'abside?

« Ces dernières dispositions (ce sont celles relatives à l'abside), *qui ont fait l'objet d'un nouveau marché* passé avec le même entrepreneur, *et qui a reçu nos approbations le 23 octobre 1845*, ont été suivies bientôt de nouvelles propositions, etc... »

Et pour consommer toute cette série d'actes ministériels, apparaît la décision du 12 septembre 1846, rapportée à la page 17, décision dont on ne peut se dispenser de citer ce paragraphe si décisif :

« L'une des conditions de la *nouvelle soumission* porte que le décompte général des travaux exécutés jusqu'au 31 décembre 1844 sera arrêté, et le montant de la dépense soldé avec le dixième de retenue, à titre de garantie, dans le courant des exercices 1845 et 1846. »

Paragraphe suivi de la liquidation du décompte, de la demande des noms de ceux ayant droit au solde (lettre du 1er octobre 1846), d'une ordonnance royale accordant le crédit nécessaire, de la délivrance et du payement du mandat.

Jamais l'exécution d'une convention fut-elle plus explicite, plus confirmative?

Ce n'est pourtant pas tout encore : le premier des nouveaux décomptes est remis, au mois de mai 1846, au préfet qui le transmet au ministre.

Ce décompte est établi d'après les prix du nouveau marché.

Le 15 septembre 1846, le ministre écrit au préfet qu'il l'a réglé à 70,120 fr. 73 c. et il lui renvoie le métré détaillé des travaux, qui avait été joint au décompte, en faisant remarquer que cette pièce ne serait nécessaire que lorsqu'il y aurait lieu de procéder au règlement définitif.

Il en a été de même jusqu'en 1848, et pas une seule réclamation n'a été élevée, soit sur la régularité des attachements, soit sur l'insuffisance des pièces et renseignements produits.

Que conclure de là? Que l'administration trouvait apparemment dans les décomptes, dans les pièces qui les justifiaient, des éléments d'appréciation satisfaisants, et qu'elle n'avait, par rapport aux prix appliqués aux travaux, aucune critique à élever.

La nouvelle administration elle-même n'est pas entrée dans l'extravagant et inique système de M. Lassus.

Elle a, comme cela devait être, considéré qu'il y avait eu deux marchés ; que les travaux, objet du premier, avaient été réglés le 12 décembre 1846, et qu'il ne res-

8

tait à régler que ceux exécutés d'après le deuxième. Aussi a-t-elle établi deux catégories.

« Les travaux appartenant à la première, dit M. le ministre Vaulabelle dans une lettre au préfet, en date du 7 septembre 1848, sont confondus, y compris les honoraires de l'architecte, dans le total de. . . . . 98,174 fr. 92 c.

» Le premier tableau, daté du 7 janvier 1847, et annexé à l'état de situation qui en reproduit les éléments, accuse une dépense de. 98,108   32

» Ce qui forme une différence de.   66   60

» Dont il n'a pas été possible de découvrir la cause.

» En défalquant du total de.   98,174   92
» La somme de.   19,052   57

» Formant le solde des travaux dépendant du premier marché résilié du sieur Garreau, il reste pour les travaux en cours d'exécution, D'APRÈS LE NOUVEAU MARCHÉ, une somme de.   79,122   35

C'est au mépris de reconnaissances aussi formelles, aussi positives, que M. Lassus n'hésite pas à proposer au ministre de condamner moralement l'administration, de briser tout ce qu'elle a fait : règlement du passé, marché nouveau et toutes les décisions intervenues relativement aux travaux de la cathédrale de Nantes depuis 1839.

La discussion de la première question a prouvé combien était déraisonnable en fait et inadmissible en droit la conclusion de son rapport.

La proposition d'annuler la convention formée le 23 octobre 1845 ne peut être considérée au fond que comme une extravagance.

Où sont, en effet, les motifs, les raisons soit de droit, soit de fait, de justice, de raison sur lesquels on pourrait baser cette annulation?

Il n'en existe pas un seul.

Le marché du 23 octobre 1845 loyalement et légalement conclu doit donc faire la loi des parties pour tous les travaux exécutés à partir de 1845.

Cela étant, les décomptes des quatre exercices 1845, 1846, 1847 et 1848, établis d'après les prix portés en ce marché, doivent être réglés tels qu'ils ont été présentés, et la liquidation ne peut s'en faire attendre davantage. L'administration comprendra tout ce qu'il y aurait de grave, en présence de nécessités nées des circonstances, à différer plus longtemps l'ordonnancement de la somme importante due à l'entrepreneur.

Qui pourrait l'arrêter dans le règlement qu'elle a à faire?

Le rapport Lassus?

Est-ce que ce travail n'est pas jugé?

Il ne s'agit pas ici d'une question de chiffres.

Le marché est là.

L'application des prix convenus a été faite dans les décomptes. Il n'y a plus qu'à vérifier, qu'à comparer.

Du moment où la base du règlement est admise, et il est impossible qu'elle ne le soit pas, toute difficulté disparaît.

M. Lassus a procédé comme s'il n'y avait pas eu marché, et il a établi des prix à sa fantaisie.

Le ridicule de ce système dispense de le discuter; on en a dit assez sur ce point.

Une citation cependant pour faire connaître de plus en plus l'esprit du rapport.

L'ancien marché portait à 132 fr. 45 c. le mètre cube de la charpente des combles en bois de chêne.

Le nouveau marché l'a porté à 152 fr. 91 c.

Toute la charpente des combles devait être en chêne.

L'architecte a cru qu'il pouvait avec avantage faire usage du sapin dans les parties qui n'étaient point exposées à l'humidité.

C'était une économie d'un quart au moins.

Il y a donc eu emploi de chêne et de sapin.

Les parties en chêne ont été portées dans les décomptes à 152 fr. 91 c., et les parties en sapin à 98 fr. 63 c., ce qui établissait un prix moyen de 115 fr. 65 c.

M. Lassus, qui voulait à toute force incriminer l'architecte, l'accuse d'avoir fait payer *toute* la charpente 152 fr. 51 c., quoiqu'elle dût être entièrement en chêne et qu'une partie eût été établie en sapin.

Il n'y avait qu'à ouvrir les décomptes et la correspondance de M. Seheult pour le confondre.

C'est ce qui est arrivé, et voici ce qu'écrivait, le 7 août 1849, à cette occasion, M. de Granville, l'un des représentants de la Loire-Inférieure, à M. le directeur actuel des cultes.

Après avoir discuté les droits de l'entrepreneur, établi deux situations bien distinctes, la première relative à la soumission du 11 février 1839, la seconde déduite du nouveau marché, celui du 23 octobre 1845, enregistré, le 4 novembre suivant, après avoir dit qu'il était évident que tous les travaux exécutés de 1839 à 1844 avaient dû être réglés conformément à sa 1re soumission, sauf les modifications ou augmentations survenues dans le cours de ces différents exercices, après avoir retracé la question posée à l'architecte sur le prix de 152 fr. 91 c., au lieu de 132 fr. 45 c. portés dans le premier marché pour une charpente dont tous les bois devaient être en chêne, tandis qu'il en avait été fait une grande partie en sapin, après avoir précisé l'objection, l'honorable représentant ajoute :

« ..... Voici, pièces en main, monsieur le directeur, ce qui m'a été démontré :—d'abord, dans l'espèce, la soumission de 1839 n'est nullement applicable à la charpente des combles puisque cette charpente a été établie postérieurement au décompte de 1845, et conformément au nouveau marché de 1845. Ensuite, entrant dans les détails que j'ai voulu connaître, je trouve que la charpente des combles n'est revenue ni à 152 fr. 91 cent. ni à 132 fr. 45 cent., mais en définitive, d'après le décompte établi, à 115 fr. 65 cent., puisqu'il en résulte que la dépense générale offerte pour la charpente des combles n'est que de 9.517 fr. 52 cent., ce qui porte, d'après le nombre des mètres cubes de bois trouvés dans les deux essences, le mètre cube à 115 fr. 65 cent..... »

Examinant ensuite le point de savoir si d'après les comptes les prix moyens ne dépassent pas les prix donnés pour des travaux analogues, M. de Grauville dit qu'il ne le croit pas, il justifie son opinion en disant qu'il a cherché le prix de revient de chaque chose :

« J'ai dû, dit-il, me faire fournir les prix payés pour d'autres travaux publics exécutés à Nantes même, et bien que je sois convaincu qu'aucun travail, de quelque nature qu'il ait été, ne peut être comparé au travail de la cathédrale, je trouve cependant que le mètre cube de chaque nature de pierres, de maçonnerie, de moellon, de mortier, n'est pas supérieur dans les travaux de la cathédrale aux prix accordés et payés pour d'autres travaux qui, je le répète, ne présentaient pas les mêmes difficultés d'exécution.

» Qu'en faut-il donc conclure ? c'est que si on applique à chaque exercice le prix établi par chaque décompte annuel, et qu'après avoir réuni tous les exercices et tous les décomptes on trouve pour chaque chose un prix moyen qui ne dépasse pas les prix accordés et payés pour des ouvrages qui étaient moins considérables, il faut convenir que l'État n'a pas été trompé, et que les expériences qu'il a faites, et qui, en son nom, ont été suivies par un architecte, ont donné des résultats satisfaisants.

» Vous avez vu les travaux, monsieur le directeur, vous les avez appréciés, et vous avez reconnu qu'ils ne laissaient rien à désirer sous le rapport de la construction, de l'élégance et de la hardiesse..... »

Cette appréciation de l'affaire est aussi celle de tous les préfets qui ont administré depuis 1839 jusqu'à ce jour le département de la Loire-Inférieure, des maires, et de tous les fonctionnaires de la ville de Nantes. M. le directeur des cultes sait ce qu'en pensent et ce qu'en expriment MM. Maurice Duval, Chaper, Rouleau-Dugage, Marius Rampal, anciens préfets, le dernier sous la république; quant à M. Gauja, préfet actuel, le passage suivant d'une lettre écrite par lui à M. Seheult fait assez connaître son opinion sur le caractère de cet architecte intègre.

Arrivé au commencement de 1849 à Nantes, M. Gauja ne pouvait connaître ce qui s'était passé relativement aux travaux de la cathédrale.....

« Je puis du moins, disait-il à M. Seheult (en lui accordant un congé que celui-ci sollicitait), attester que tout le monde ici rend hommage à vos talents et à votre probité ; en consultant les notes laissées par mes prédécesseurs, et l'opinion d'un grand nombre d'hommes éclairés du pays, je n'ai recueilli sur votre compte que les témoignages les plus favorables. Je n'ai pas entendu une seule parole, je n'ai pas trouvé une seule insinuation de nature à m'inspirer le plus léger doute, je ne dis pas sur votre capacité qui est incontestable, mais sur le zèle consciencieux qu'un architecte doit toujours apporter dans l'accomplissement de sa mission. »

Quand une aussi haute position de loyauté, de droiture et de probité défend un homme, un fonctionnaire..... et qu'il n'existe contre lui, contre l'entrepreneur justement estimé qui a suivi, exécuté ses ordres, qu'un rapport de M. Lassus comme celui que l'on connaît, que doit faire l'administration ? ce qu'elle fera certainement..... rendre une éclatante justice à deux hommes indignement calomniés, et ne pas faire attendre cette justice.

Arrivé aux termes des explications qu'il a cru devoir donner à l'administration, dont la religion a été trompée par des rapports dont elle peut maintenant apprécier le mérite en fait et en droit, M. Garreau n'a plus qu'à résumer sa position vis-à-vis d'elle.

Pour tous les travaux exécutés jusqu'en fin de l'exercice de 1844 à la cathédrale de Nantes, il existe une décision ministérielle, du 12 septembre 1846, qui arrête définitivement le compte de l'entrepreneur et le renvoie devant le conseil de préfecture sur le rejet d'une somme de 14,002 fr. 65 c. en plusieurs articles, s'il croit qu'à cet égard son marché a été mal interprété. Sauf le recours que l'entrepreneur peut exercer lorsqu'il le jugera à propos, tout est consommé quant à ces travaux, et il n'y a plus à s'en occuper.

Pour les travaux accomplis de 1845 à 1848, il existe d'abord un marché consacré par une décision ministérielle du 23 octobre 1845, marché qui doit être exécuté, et en suite des décomptes appuyés de renseignements justificatifs dont l'administration est saisie, des décomptes qu'elle doit régler, sauf le pourvoi de l'entrepreneur soit au conseil de préfecture, soit au conseil d'État, suivant la nature des questions que fera naître le règlement.

Dans ces conjonctures, M. Garreau est fondé à demander à M. le ministre et il lui demande formellement qu'il veuille bien : 1° en prenant pour base la soumission datée du 24 juillet 1845, le décompte général des travaux en fin de l'exercice de 1844, colonne des prix écrits à l'encre rouge, le cahier de sous-détails du 20 mars, le tableau de prix du 1er avril 1845, le cahier additionnel du 31 août suivant et la décision ministérielle du 23 octobre, suivie de l'acceptation faite par le préfet au nom de l'État, le 31 du même mois, du nouveau marché arrêté entre le ministre et M. Garreau, procéder au règlement des travaux exécutés, en vertu de ce traité, à la cathédrale de Nantes jusqu'en fin de l'exercice 1848;

2° Quant aux autres travaux exécutés depuis février 1848, en vertu d'ordres particuliers, procéder également au règlement des comptes de ces travaux tels qu'ils ont été présentés;

3° Fixer en conséquence :

1° Le solde de M. Garreau pour travaux régis par son marché et exécutés jusqu'en fin de l'exercice de 1848 à. . . . . 117,366 fr. 94 c.

2° Le solde des autres travaux faits tant dans la même année qu'en 1849, compris ceux du vitrail de la chapelle St-Clair à. 39,017 57

Arrêter dès lors la somme due par l'État à M. Garreau à. 156,384 fr. 51 c.

Par suite ordonnancer le payement de cette somme et délivrer mandat du montant d'icelle au profit de M. Garreau, sauf à lui à donner la suite qu'il croira convenable à sa réclamation, relative aux 14,002 fr.65 c. rejetés de ses comptes de 1839 à 1844, par la décision du 12 septembre 1846.

Et attendu qu'en laissant sans exécution, en 1849, le marché intervenu entre elle et M. Garreau, elle a causé à celui-ci un préjudice qui est résulté du non-emploi de beaucoup de matériaux restés sur le chantier, des frais de gardiennage qu'il a été obligé de payer, de la détérioration de ses chèvres, cordages, engins, etc.......; qu'en outre, en lui retenant depuis fort longtemps la somme de 156,384 fr. 51 c., qui lui est due, l'administration l'a contraint à recourir à des emprunts onéreux; qu'elle a porté une atteinte grave à son crédit, paralysé ses opérations et compromis au plus haut degré sa fortune.

Que si l'inexécution du marché devait se reproduire en 1850, et le refus de payement se prolonger plus longtemps, le préjudice déjà éprouvé s'aggraverait considérablement; fixer les dommages-intérêts et indemnités dus jusqu'à ce jour à M. Garreau pour les causes ci-dessus, et prendre pour l'avenir les mesures nécessaires afin que le marché soit exécuté; sauf, dans le cas contraire, à M. Garreau, à se pourvoir quand et devant qui il appartiendra pour faire reconnaître ses droits.

Telle est la conclusion sur laquelle une décision est sollicitée de M. le ministre de l'instruction publique et des cultes.

Elle repose sur des considérations d'équité de fait et de droit si puissantes qu'elle ne peut être ni retardée ni douteuse

L'administration, dans sa sollicitude éclairée pour les grands et légitimes intérêts qui sont en discussion devant elle, se convaincra qu'il n'y a au fond de ce débat rien qui puisse la faire hésiter dans le jugement qu'elle a à porter sur les hommes et sur les actions.

La justice est une. Elle ne change pas au gré des passions et des intérêts que les révolutions font éclore. Ce qui était juste avant février 1848, n'est pas moins juste aujourd'hui, et les fonctionnaires qui ont remplacé ceux que les événements ont fait écarter ne peuvent, en hommes d'honneur qu'ils sont avant tout, vouloir autre chose que le triomphe de la vérité et du bon droit, même à l'égard des actes accomplis sous leurs prédécesseurs.

Depuis 1839, commencement des travaux de la cathédrale de Nantes, tous les ministres qui ont présidé à la direction des affaires concernant les cultes, tous les préfets qui ont administré le département, et tous les maires qui ont été à la tête de la cité, se sont préoccupés de ces travaux et en ont suivi les développements et les progrès; nombre de fois le conseil des bâtiments civils a été appelé à examiner les projets, plans, devis, cahiers de charges, et sous-détails qui s'y rapportaient; à diverses reprises des membres de ce conseil, des inspecteurs généraux en mission les ont visités et en ont rendu compte ; à toutes les époques, dans toutes les circonstances, et de tous ceux qui les ont appréciés, l'architecte et l'entrepreneur n'ont reçu que des paroles de satisfaction et d'encouragement ; pour la fixation des prix, l'administration a consulté ses agents, elle a demandé l'avis du préfet, celui du conseil des bâtiments ; elle a puisé des renseignements à toutes les sources, et ce n'est qu'après s'être éclairée de toutes parts, qu'elle a contracté.

Durant la première période des travaux, de 1839 à 1844, des décomptes remplis de détails lui ont été fournis, et entre autres preuves de la rigidité apportée dans leur examen, on se rappelle le retranchement de 2,355 fr. 40 c., opéré sur le premier (page 4).

L'architecte poussait le scrupule si loin, qu'il signalait, en remettant le deuxième, *la nécessité, dans l'intérêt du trésor, de nouveaux examens avant de bien déterminer la valeur de chaque nature d'ouvrage*, et qu'il réclamait avec instance l'installation sur les lieux d'un inspecteur chargé de *constater toute espèce de travail.....* demande qu'il a souvent réitérée.

Les nouvelles expériences annoncées ont été faites dans les exercices suivants, et les résultats en ont été soumis à l'administration, avec toutes les indications propres à les faire juger.

Le conseil des bâtiments civils les avait sous les yeux lorsque le 6 novembre 1843, s'associant à son rapporteur, il rendait hommage aux soins que M. Sebault avait apportés tant dans la rédaction de ses projets, que dans l'exécution des travaux alors effectués. S'il y avait eu quelque critique à faire des prix alloués, est-ce que le conseil aurait gardé le silence sur un point aussi important ?

L'examen de ces prix n'avait pu être négligé, car en les présentant comme étant basés sur la soumission du 11 février 1839, pour ce qu'elle avait prévu, l'architecte disait que l'entrepreneur les regardait *comme étant établis à son préjudice*, *quoique en conformité avec les expériences auxquelles il avait concouru....*

Mais ce qui jette la plus éclatante lumière sur tout ce qui se rattache aux prix, c'est le travail si complet, si clair, si explicite, contenant le décompte général jusqu'en fin de l'exercice de 1844.

Là sont présentés :

A l'encre noire, les prix suivant le marché de 1839.

A l'encre rouge, les prix réclamés par l'entrepreneur tant pour se charger de l'abside que pour achever le transsept, et celui-ci y met un tel désintéressement qu'il offre à l'administration de résilier le premier marché pour lui donner toute liberté soit de mettre tous les travaux en adjudication, soit de traiter comme elle l'entendra et avec qui elle voudra.

Cette pièce est décisive ; elle établit une démarcation tranchée entre les six exercices clos en 1844 et ceux postérieurs. Elle éclaircit le fait et établit le droit.

Suivie de devis, de cahiers de charges, de sous-détails de la nouvelle soumission du 24 juillet 1845, de nombreuses lettres du ministre, du préfet et de l'architecte, de rapports et d'avis du conseil des bâtiments civils, elle se lie intimement aux décisions ministérielles des 11 juillet 1845 (page 13), 23 octobre 1845 (page 14), 29 juin 1846 (page 19), et 12 septembre 1846 (page 17).

En présence de cet ensemble de faits, de décisions et d'actes auxquels ont concouru à des titres divers tant de fonctionnaires, peut-il être permis, on le demande, d'incriminer l'entrepreneur qui a réclamé, l'architecte qui a proposé, l'administration qui a accordé des prix qui loin d'être exagérés sont notablement au-dessous de ceux alloués pour des travaux de moindre importance que les travaux de la cathédrale de Nantes, par plusieurs des départements ministériels? (Lettre de M. Chaper, page 56.)

La liquidation des six premiers décomptes a duré dix-huit mois et la formation du nouveau marché plus de deux ans et demi.

L'une et l'autre ont consacré des droits qui doivent être respectés sous la République comme ils l'auraient été sous la monarchie. Ils abritent des intérêts moraux et pécuniaires qui sont sacrés sous tous les régimes.

Il ne s'agit pas, en effet, seulement de savoir si un entrepreneur qui a ponctuellement accompli toutes les conditions de son traité, quelque onéreuses qu'elles fussent, sera frappé dans sa fortune, mais s'il sera, à la fin d'une longue carrière honorablement parcourue, atteint dans son honneur et dans sa considération, c'est-à-dire dans ce qu'il a de plus cher au monde pour lui et pour sa famille; il s'agit de savoir si un architecte dont tout un département, dont une ville de 100,000 âmes proclament par ses plus dignes interprètes le talent, le zèle et la probité, sera sacrifié au lieu d'être récompensé par l'administration, à l'estime et à la confiance de laquelle il a les droits les mieux acquis.

M. Garreau a la conviction d'avoir justifié sans réplique ses réclamations; en les soumettant aux jurisconsultes qu'il se propose de consulter, il veut offrir à M. le ministre une garantie de plus de son bon droit, dont il espère et attend le triomphe avec la plus entière sécurité.

Paris, le 8 octobre 1849.

GARREAU aîné,

Entrepreneur des travaux de la cathédrale de Nantes.

PARIS. — IMPRIMÉ PAR E. THUNOT ET Ce,
Successeurs de Firmin Didot, 15, rue Racine, près de l'Odéon.